한 눈에 보는 **유럽연합**

이 책은 방일영문화재단의 지원을 받아 연구·저술되었습니다.

한 눈에 보는 유럽연합

발행일 | 2008년 5월 10일

저자 | 안병억
교정 | 높이깊이
편집 | 편집부
표지 | 조성준

발행처 | 높이깊이
발행인 | 김덕중
출판등록 | 제4-183호
주소 | 서울 성동구 성수1가동 22-6
전화 | 02-463-2023(代), 2024
팩스 | 02-2285-6244
E-mail | nopikipi@shinbiro.com

정가 : 12,000원

ISBN 978-89-7588-091-9

저자의 말

"관광이 아닌 관찰과 분석대상으로서 유럽과 유럽연합(EU)이 필요하다!"

30년 넘게 정치학과 유럽통합을 가르쳐온 한 노교수는 국내에서 유럽을 좀 더 연구해야 한다는 말을 이렇게 표현했다. 대학생들에게 아직도 가장 인기있는 배낭여행지는 유럽의 여러 나라들이다. 그러나 유럽은 관광의 피사체가 아니라 움직이고 변화하는 유기체이다.

이 책은 EU를 분석과 관찰대상으로서 알리려 한다. 국제정치무대에서 주요 행위자로 부상했지만 아직도 어렵고 딱딱하며 복잡한 듯 보이는 EU를 알기 쉽게 독자들에게 설명하려고 이 책을 썼다. 언론매체에서 흔히 'EU가 미국과 무역분쟁을 겪고 있다', 'EU가 우리나라와 자유무역협정(FTA) 체결을 협상하고 있다'라는 말을 자주 접하는데 과연 여기에서 EU는 누구를 의미할까? 이런 궁금증에 답을 주기 위해 전문용어를 줄이고 가급적 쉬운 용어로 EU를 설명하기 위해 최대한 노력했다. EU에 관심있는 일반인들을 주요 독자를 염두에 두었기 때문이다. 필자가 박사과정 중에 기록한 연구노트와 언론기고문 등의 자료, 아직도 계속되고 있는 유럽통합의 과정을 면밀히 관찰하면서 주요 항목별로 궁금한 점을 문답식으로 정리했다. 그리고 필요하다고 생각될 경우 우리가 흔히 접할 수 있는 사례를 추가로 들었다. 크게 통합과 협력

등 자주 접하는 주요 용어를 설명한 후 EU기구와 공동정책, EU의 확대, 예산, EU와 미국, 중국 등 주요국과의 관계를 다루었다.

　EU는 27개 회원국으로 세계 최대의 단일시장을 이루고 있으며 중국에 이어 우리의 제2 수출시장이다. 이런 거대한 시장을 잡기 위해 지난해 5월부터 우리나라는 EU와 FTA 타결을 위한 협상을 벌이고 있는데 조만간 체결될 것으로 보인다. 이런 시점에서 이 책이 FTA 체결 이후 교역과 인적교류가 확대되면서 EU를 접하는 사람들에게 조금이라도 도움이 되었으면 하는 바램이다.

　비단 경제뿐만 아니라 EU 회원국들은 50년 넘게 통합을 추진해 오면서 세계에서 가장 앞선 통합을 이룩하고 있다. 동북아 통합 혹은 협력을 이야기하는 우리가 하나의 교훈이나 경험으로 삼고 있는 지역이 바로 유럽이다. 유럽통합은 또 전쟁의 땅이었던 유럽을 평화와 안정의 땅으로 변화시키는데 큰 기여를 했다.

　이 책을 저술하는데 많은 분들이 도움을 주었다. 우선 이 책을 언론인저술지원으로 선정해주신 방일영 문화재단 관계자 분들에게 감사드린다. 또 필자가 재직 중인 아시아미디어그룹의 임영욱 회장님과 아시아경제신문 권대우 회장님 등 임원분들께서 많은 격려와 도움을 주었다. 이 자리를 빌어 사의를 표한다. 이밖에 국제경제부 기자들이 수시로 원고를 읽고 부족한 점과 오탈자를 지적해주었다. 지난해 필자는 유럽에 관심이 있는 대학원생들을 만나 가르치면서 많은 점을 배울 수 있어 큰 행운이었다. 일일이 이름을 밝힐 수 없지만 이들에게도 감사의 말을 전한다. 마지막으로 10년간 일해오던 직장을 그만두고 영국 케임브리지에서 유학하는 동안 내자의 격려와 도움이 절대적이었다. 큰 아이 유미, 작은 아이 승환에게도 고맙다는 말을 전한다. 보여지는 모습보다 항상 더 큰 모습의 아빠로 보아주는 두 아이가 현재의 나를 있게 한 큰 힘이었다. 면도날 같은 날카로움으로 필자를 가르쳐준 지도교수 줄리 스미스 박사, 그리고 어려운 출판여건에도 불구하고 흔쾌히 이 책을 출간해준 높이깊이 사장님께 깊은 감사를 드린다.

유럽통합은 아직도 계속되는 과정이기 때문에 일정한 시간이 지난 후 변화된 모습을 담겠다고 약속드린다.

목차

01. 통합(integration)은 '러브 어페어'(love affair)인가? /9
영화 러브어페어

02. 각 분야별(경제·정치·사회문화) 통합의 현주소 /13
쉥겐조약(국경개방조약)
독일과 영국의 외교관 교류

03. 유럽통합과 조약 /21

04. 유럽연합 기구와 권한 /29

05. EU의 공동정책 /37

06. 유로화는 달러를 대체하는 준비통화가 될 수 있을까 /47
유로화 출범 연표

07. 유럽연합의 확대는 어디까지 /55

08. 주요 회원국과 유럽통합 /67
영국과 미국의 '특별한 관계'(special relationship)가 뭐길래

09. 헌법조약과 리스본조약 /87

10. EU예산 /99

11. EU와 우리나라, 북한과의 관계 /107

12. EU와 미국, 러시아, 중국, 일본, 인도와의 관계 /113

13. 로비의 천국 '브뤼셀' /129
  로비스트들의 9가지 행동철칙

14. 유럽과 아시아간의 지역협력 /133
  동아시아에서 공동체 형성은 가능한가

15. 유럽의 정체성(identity) /141

16. 유럽프로축구와 유럽법원(ECJ) /147

17. 유럽적인 시각에서 EU를 보도하는 언론이 있는가? /151

18. 아직도 '경제적 거인', '정치적 난장이', '군사 무지렁이'인가 /155

19. EU의 현안 /161

후기 : EU기구에서 근무할 수 있나 /167

통합(integration)은 '러브 어페어'(love affair)인가?

> 키워드 : 통합과 협력, 초국가기구, 국제기구

 유럽통합이니 동북아통합이니 혹은 동북아협력이니 하는 말을 매스컴에서 자주 접하게 된다. 통합은 국가끼리 밀접한 관계를 맺는다는 의미 같은데 정확하게 정의하면 무엇일까? 통합과 협력의 차이점은 무엇일까?

 필자는 2007년 3월 모 대학원에서 유럽통합을 처음 강의했다. 첫 시간에 한 학생에게 통합을 정의해보라는 질문을 던졌다. 망설이던 그 학생은 머뭇거리며 "회원국끼리 밀접한 관계를 갖는 것"이라고 대답했다. 그렇다면 회원국들이 '러브 어페어'를 하는 것이냐고 재차 묻자 순간 강의실이 웃음바다로 변했다. 과연 통합은 '러브 어페어'인가?

 통합을 한 마디로 정의한다면 민족국가가 초국가기구(supranational institution)로 국가주권을 넘기는(이양하는) 것이다. 여기에서 핵심어는 초국가기구, 그리고 국가주권의 이양이다. 그리고 국가주권을 넘기는 것은 한 번 넘기면 끝나는 것이 아니라 계속되는 하나의 과정이다. 반면에 협력은 주권국가가 어떤 국제기구에 주권을 넘기지 않은 채 직면한 문제를 공동으로 해결하는 것이다.

 그렇다면 국제기구와 초국가기구의 차이점은 무엇일까?

유엔이나 세계무역기구(WTO)는 국제기구이다. 회원국들이 직면한 공통문제를 해결하기 위해 설립한 기구로 회원국들은 이런 기구에 경제정책이나 외교정책 등 국가주권을 이양하지 않는다. 즉 국제기구는 회원국들이 허용한 범위 안에서만 권한을 행사할 뿐이며 회원국들에 대한 법적 구속력이 거의 없다. 반면 유럽연합(EU) 기구인 집행위원회(European Commission : EC, 이하 집행위)나 유럽법원(European Court of Justice : ECJ), 유럽중앙은행(European Central Bank : ECB) 등은 초국가기구이다. 이런 기구는 회원국들을 법적으로 구속하는 권한을 보유하고 있다. 회원국들이 통합과정에서 이런 기구로 주권의 일부를 넘겼기 때문이다. 예를 들면 단일화폐 유로화를 채택한 15개 EU 회원국들의 통화정책은 ECB에서 결정된다. 원래 각 국의 중앙은행이 이자율 인상이나 인하를 통해 통화정책을 행사한다. 그러나 유로화 가입국은 이런 통화정책이라는 핵심 주권을 ECB에 넘겼다(EU 기구에 대한 자세한 설명은 4. 유럽연합 기구 부분 참조). 보통 행정부 역할을 하는 집행위원회는 공채를 통해 직원을 선발하며 회원국 이익이 아닌 유럽연합의 이익을 대표하는 기술관료(technocrats)들로 조직된 기구이다. 인사나 재정에서 회원국의 간섭을 별로 받지 않는다. 이처럼 초국가기구는 국제기구와 확연히 구분된다.

유럽은 통합이 가장 진전된 지역이다. EU 27개 회원국 가운데 15개국이 자국 화폐를 포기하고 유로화라는 단일화폐를 채택했다. 세계 어느 곳에도 이런 곳은 없다. 또 EU 회원국 시민들은 회원국 어느 곳에서라도 정착해 일할 수 있다. 비자나 취업허가서를 받을 필요가 없다(신규 회원국 시민들은 기존 회원국으로의 자유이동과 취업이 보통 5~7년 동안 금지된다. 이 기간 동안 기존 회원국으로 가서 취업하려는 신규 회원국 시민들은 취업허가서를 받아야 한다). 독일 사람이 영국에 가서 일하며 거주하는 시의 시의회 의원에 후보로 나갈 수도 있다. 이밖에 외교정책분야에서도 회원국들이 한 목소리를 내려고 노력해왔으며 사법과 내무분야에서도 회원국들의 협력이 제도화되어 있다.

반면 동북아시아는 어떠한가?

1967년에 설립된 아세안, 동남아시아국가연합(ASEAN : Association of South-East Asian Nations)이라는 기구가 있다. 그러나 이는 국제기구일 뿐이며 회원국의 주권을 제약하지 않는다. 회원국들은 이 기구로 국가주권을 이양하지도 않았다. 2007년 9월에 회원국인 미얀마 독재정부가 스님들이 주도하는 반정부시위를 유혈진압했다. 당시 아세안은 내정불간섭 원칙에 따라 미얀마 정부에 대해 아무런 조치를 취하지 않았다. 아세안 회원국 싱가포르는 아세안의 내정불간섭 원칙을 언급하며 경제제재조차 효력이 없을 것이라며 이런 조치조차 취하지 않았다.

따라서 국내언론에서 흔히 동북아통합이라는 용어를 쓸 때 이는 원대한 정책목표를 의미할 뿐이다. 통합이 진전된 유럽연합과 비교해 동북아는 통합의 걸음마 단계에 있다. 따라서 동북아협력이 보다 정확한 현실을 반영하는 용어이고 동북아통합은 요원한 이상일 뿐이다. 정확한 용어를 쓴다면 동북아협력이 맞다.

영화 : 러브 어페어와 통합

워렌 비티와 아네트 베닝 주연의 영화 '러브 어페어'를 본 적이 있다. 우연한 기회에 만난 중년의 남녀가 사랑에 빠져 우여곡절을 겪은 끝에 진정한 사랑을 찾는다는 이야기이다. 두 사람은 비록 3일간의 짧은 만남이었지만 서로를 사랑하고 있음을 굳게 믿는다. 비록 사고 때문에 아네트

베닝이 약속을 지키지 못했지만 나중에 다시 만난 두 사람은 깊은 사랑을 깨닫는다. 결혼을 통합에 비유한다면 두 사람이 통합에 이르는 과정은 순탄치 않았다. 그러나 사랑에 바탕을 둔 서로간의 믿음이 이 영화와 통합을 비교해 볼 수 있게 했다.

02

단일화폐 유로화가 통용되어 경제통합은 꽤 진전이 되었다. 그러나 외교나 국방, 사회분야의 통합은 그리 진척이 많이 되지 않았다. 각 분야별 통합의 현 주소는 어떠한가?

> **키워드 : 경제통합, 정치통합, 사회·문화분야 통합**
>
> 통합은 비단 경제분야에만 국한된 것은 아니다. 외교나 국방, 사회분야에서도 분명히 통합이 계속되고 있다. 분야별로 실례를 들어 설명한다.

❶ 경제통합 : 단일시장과 단일화폐

현재 EU 27개 회원국은 거의 단일시장(single market, 혹은 내부시장 internal market도 같은 의미로 사용됨)을 이루고 있다. 상품과 서비스, 노동과 자본이 회원국 간에 자유롭게 이동한다. 예를 들면 독일 사람이 나머지 26개 회원국 어디나 본인이 희망하는 곳으로 가서 정착해 직업을 구하고 일할 수 있다. 비자나 취업허가서가 필요없다. 물론 2004년이나 2007년 EU 회원국이 된 중·동부 유럽 10개국이나 루마니아, 불가리아의 경우 기존 회원국으로의 자유이동이 보통 5년~7년 정도 제한을 받는다. 즉 EU에 가입 후 5년이나 7년이 지나야 이들 국가의 국민들은 기존 국가로 자유롭게 이동할 수 있다. 폴란드나 헝가리 시민들이 생활수준이 높은 인근의 독일이나 프랑스로 대거 몰려와 직업을 구하고 거주하는 것을 우려하기 때문에 이런 과도기를 두기로 했다. 해외여행을 하거나 외국에서 취업을 한 사람들은 비자나 취업허가서를 얻기 위해 수십 페이지 서류를 작성하고 대사관을 방문해 비자나 취업허가서를 얻은 경험이 있을 것이다. EU 회원국 시민들은 이런 번거로운 과정을 거칠 필요가 없이 회원국 내에서 자유롭게 이동한다. 27개 회원국은 4억8800만명의 인구에 세계 최대의 단일시장이다.

2008년 1월 1일부터 27개 회원국 가운데 15개 나라에서 유로화가 통용되고 있다(유로화 미 채택국 : 영국, 덴마크, 스웨덴, 폴란드, 헝가리, 체코, 슬로바키아, 발트3국, 루마니아, 불가리아). 유로화 사용국은 자국화폐를 폐기하고 유로화를 법정통화로 사용하고 있다. 보통 역사를 보면 – 예컨대 제국을 건설할 때 – 상이한 부족이나 국가를 아우르는 정치적 통합 이후 단일화폐를 채택한다. 그러나 유럽은 정치적으로 아직 유럽연방 혹은 유럽합중국이 건설되지 않았지만 단일화폐를 채택하고 있다는 점이 매우 독특하다. 15개 유로 채택국의 이자율을 결정하고 통화량을 조절하는 통화정책은 독일 프랑크푸르트에 있는 유럽중앙은행(ECB)이 맡고 있다. 미국으로 치자면 연방준비제도이사회(FRB) 역할을 하는 것이 ECB이다. 단일시장에 이어 단일화폐는 유럽통합이 경제분야에서 상당한 진전을 이루었음을 보여주고 있다.

단일화폐를 동북아시아에 적용해본다면?

현실을 보면 동북아의 경제대국은 일본과 중국이다. 동북아통화협력이 계속된다고 가정할 경우 우리나라가 원화를 폐기하고 일본의 엔화나 혹은 중국의 위안화를 단일화폐로 사용할 수 있을까? 비록 가정이지만 동북아통화협력이 진전된다면 무슨 통화를 준비통화(reserve currency, 다른 나라와의 교역에서 지불수단으로 사용하는 화폐)로 할 것인가도 분명히 매우 민감한 논쟁거리가 될 것이다.

❷ 정치통합 : 공동외교안보정책과 내무·법무분야 협력

경제통합과 비교해 정치통합은 진전이 더디다. 아무래도 회원국들이 국가주권의 핵심인 외교나 국방을 초국가기구로 이양하는 것을 꺼리고 있기 때문이다. 경제통합과 관련된 많은 정책이 보통 다수결로 결정되지만 정치나 외교분야의 정책은 아직도 거부권 행사가 가능하다. 각 국이 외교나 국방정책을 행사함에도 불구하고 EU차원에서 한 목소리를 내고 함께 행동하려고 노력해왔다.

공동외교안보정책(Common Foreign and Security Policy : CFSP)은 1993년 11월부터 발효한 유럽연합조약(일명 마스트리히트조약)에서 규정되었다. 중요한 국제문제에 대해 회원국들이 공동입장(common positions)과 공동행동(joint actions)을 취한다. 보통 공동입장은 성명서이고 공동행동은 경제제재 등의 정책집행이다. 예컨대 인종차별정책을 실시했던 남아프리카공화국이 1990년대 차별정책을 폐지했고 이에 따라 차별정책 당시 부과됐던 경제제재도 풀렸다. 당시 EU회원국들은 남아공에 대해 공동행동을 채택했다. 흑인 거주 지역의 인프라건설 지원 등 지원 우선순위를 정하고 이에 따라 EU예산과 각 국의 개별적인 지원이 겹치지 않게 조정했다. 한정된 예산으로 시너지효과를 낼 수 있었던 것은 이처럼 CFSP에 따른 공동행동이 가능했기 때문이다.

반대로 2003년 3월말 미국의 이라크 침공에는 맹방인 영국이 주로 참전했다. 당시 EU 회원국들은 프랑스와 독일 주도의 반미정책파와 영국과 스페인 주도의 친미정책파로 분열되어 격렬한 논쟁을 벌였다. 외교정책이나 나아가 군대파견 등 국익이 첨예하게 대립하는 민감한 문제에 대해서는 아직도 회원국들의 거부권 행사가 가능하다. 따라서 각 회원국이 합의를 하지 않는 한 EU차원에서 공동행동을 취할 수 없다.

  비자나 세관협력, 이민정책 등 내무와 사법분야의 협력도 더디지만 조금씩 진전이 이루어졌다. 경제통합의 진전으로 국경없는 단일시장이 형성되다보니 회원국 시민들이 자유롭게 이동한다. 한 회원국에서 범죄를 저지른 후 다른 회원국으로의 도주도 매우 쉽게 되었다. 또 비회원국(보통 '제3국'으로 표현됨) 시민들도 어느 한 회원국에 들어와 난민을 신청했다가 거부당하면 바로 이웃 회원국으로 가서 난민을 신청하는 이른바 '이민쇼핑'이 성행한다. 따라서 보통 자국 내에서도 매우 보수적이라 평가받는 내무와 사법분야에서 조차 회원국들의 협력이 불가피하게 되었다. 원래 이 분야는 거부권 행사가 가능했는데 난민과 이민, 비자정책의 일부는 다수결로 의사결정방식이 변경되었다. 그만큼 통합이 진전되었다는 의미이다.

  공동체포영장(Common or European Arrest Warrant : EAW)은 사법과 내무분야의 협력을 보여주는 대표적인 사례이다. 테러용의자와 돈세탁, 인신매매용의자 등 32개의 중범죄에 대해 한 국가가 발부한 체포영장이 다른 회원국에서도 그대로 통용된다. 즉 사법분야에서도 상호인정(mutual recognition)을 적용했다. 보통 범죄인이 다른 나라로 도주할 경우 그 나라와 범죄인 인도조약이 체결되어야 인도가 가능하다. 또 중요 인물의 경우 관련국의 정치적 판단이 작용해 인도가 어렵거나 몇 년 걸리는 경우가 많다. 그러나 EAW의 경우 보통 2달 이내에 영장발부국에 범죄인을 인도해준다. 2005년 7월7일 영국 런던의 지하철 테러 용의자가 이탈리아로 도주했다. 그러나 이 공동체포영장을 통해 불과 한 달만에 영국으로 인도되었다.

❸ 사회·문화 분야 통합(통일성과 다양성)

얼핏 이 분야의 통합을 이야기하면 각 회원국의 다양한 문화를 하나의 획일적인 유럽문화로 통합한다는 말인가 하는 의문을 떠올리기가 쉽다. 그러나 사실은 그렇지 않다. 단일시장이 형성되면서 회원국 시민들이 빈번하게 이동하며 다른 회원국 문화를 이해하게 되었다. 이처럼 다양한 문화를 이해하는 과정 속에서 유럽이 하나의 울타리 혹은 비슷한 문화를 공유하고 있음을 깨닫는다. 필자와 친구였던 영국의 한 노신사는 미국과 유럽방문을 비교했다. 미국을 방문하다 보면 매우 낯선 나라임을 깨닫지만 유럽 대륙의 다른 나라를 방문할 때면 고향에 있는 듯한 생각이 든다는 것이다. 유럽의 어느 도시에 가도 구도시 중심은 시청과 시장이다. 이런 곳을 방문하면서 유럽의 유사함을 피부로 느낀다고 설명했다.

대학생들 간의 교류도 매우 활발하다. 회원국 대학생들은 에라스무스(Erasmus) 프로그램에 신청해 다른 회원국 대학으로 가서 1~2년 정도 공부를 한다. 물론 학점이 상호인정된다. 필자가 영국에서 함께 공부한 독일 학생들 가운데 몇 명은 프랑스에서 2년 공부해 석사학위를 취득했다. 1987년부터 시작된 이 프로그램은 EU예산의 지원을 받았으며 2007년까지 약 200만명의 학생들이 지원을 받아 다른 회원국에서 공부했다고 추정된다(EU 집행위원회 자료).

영국 시민들은 여름에 도보해협 여객선에 차를 싣고 주로 프랑스 남부나 스페인 해변으로 가서 휴가를 보낸다. 정년퇴직 후에도 이런 곳에 정착해 사는 영국 사람들이 증가하고 있다. 학생이나 일반인이나 아무런 제약이 없이 다른 회원국을 방문하면서 특정 국민에 대한 선입견도 없앨 수 있으며 반대로 통합에도 불구하고 아직도 각 국이 고유한 문화를 지니고 있음을 실감할 수도 있다. 이런 접촉 속에서 유럽통합이 가져온 실익을 체험하면서 유럽이 최소한 경제분야에서는 거의 하나가 됨을 느낀다. 즉 다양성(각 국의 문화가 그대로 있음) 속에서 통일성(하나의 단일시장이라는 점, 미국 혹은 다른 지역과 외교정책에서 다른 목소리를 내는 유럽연합)을 느낀다. 반대로 통일성 속에서 다양성도 체험하고 있다.

쉥겐조약(Schengen Agreement, 국경개방조약)

2007년 12월 21일 0시(유럽표준시각) EU 27개 회원국 가운데 24개국 국경이(영국과 아일랜드, 키프로스 제외) 개방되었다. 이로써 이들 24개 나라 시민들은 다른 회원국으로 갈 때 국경에서 여권 검사를 받을 필요가 없이 여행이 가능해졌다. 2008년 3월부터는 공항에서 여권 검사도 필요없다. 폴란드에서 포르투갈의 끝까지 약 4000km를 여권검사없이 여행이 가능하다. 반면에 영국과 아일랜드는 이 조약을 비준하지 않고 아직도 국경통제를 계속하고 있다.

경제통합에서 언급한 EU 회원국 시민들의 자유이동은 비자나 취업허가서가 필요없다는 의미이다. 쉥겐조약에 가입하려면 매우 복잡한 절차가 필요하다. 가입국끼리 범죄인 정보를 교환하고 공동의 데이터베이스에 접근이 가능해야 한다. 이런 철저한 준비 끝에 국경검문을 철폐할 수 있었다. 반면에 국경을 개방한 회원국 경찰이나 국경수비대는 점점 더 밀접하게 협력해야 한다. 범죄인의 도주나 비회원국 시민의 입국 등에서 정책협의를 강화해야 했다. 또 이런 협력을 바탕으로 민감한 주권분야인 이민이나 비자에서 공동정책이 도입되었다.

독일과 영국간의 외교관 교류

2004년 1~2월 필자는 독일외교협회의 객원연구원으로 베를린에 체류했다. 유럽통합과정에서 영국과 독일간의 관계가 필자의 박사논문 연구주제여서 베를린에 있으면서 독일 외교관과 학자들을 인터뷰했다. 독일 외교관으로서 영국 외무부에 파견되어 2년 넘게 근무한 외교관의 이야기를 들으며 현장에서 본 유럽통합을 조금이나마 느낄 수 있었다.

독일은 영국과 프랑스, 미국과 1990년대 초부터 외교관 파견협력을 실시해오고 있다. 선발을 통해 독일 외교관이 영국 외무부로, 영국 외교관은 독일 외무부로 와서 근무한다. 여기서 중요한 것은 영국 외무부에 파견된 독일 외교관은 영국을 위해 일한다는 점이다. 마찬가지로 독일 외무부에 파견된 영국 외교관도 독일을 위해 일한다. 필자가 인터뷰한 독일 외교관은 영국외무부에서 구소련의 독립국가연합(CIS) 지역을 담당했다. 독일과 영국 간에 이 지역에 대해 국익이 상충하지 않아 다행이었다며 근무경험을 들려주었다. 독일은 엄격한 규칙을 중시해 정시에 출근해야 한다. 반면 영국은 상식과 융통성이 통하는 사회여서 일이 있으면 늦게 출근해 자신의 일만 제대로 하면 별 문제가 없다. 또 영국 외무부는 독일 외무부와 비교해 하위직에도 비교적 재량권이 많다. 독일 외교관은 영국 외무부에서 일한 경험이 아주 유익했다며 앞으로 20~30년이 지나면 EU의 외무부가 있어 명실상부한 공동외교안보정책을 실시할 수 있지 않겠냐는 희망적인 발언을 했다.

석탄철강공동체, 경제공동체, 유럽연합, 유럽연합조약 등 여러가지 공동체나 조약이 있는데 도대체 무슨 뜻인가? 유럽통합사에서 무슨 의미가 있는가?

> 키워드 : 파리조약, 로마조약, 단일유럽의정서, 단순 다수결, 가중 다수결, 유럽정치협력, 유럽연합조약, 암스테르담조약, 니스조약
>
> 이런 공동체나 조약 등은 유럽통합사에서 보통 큰 획을 긋고 중요한 이정표가 되었다. 단계적인 조약수정을 통해 더 많은 분야로 통합이 진전되었고 기존 통합도 심화되었다.

❶ 유럽석탄철강공동체(European Coal and Steel Community : ECSC)와 파리조약

ECSC는 1951년 파리조약에 의해 설립됐으며 프랑스와 독일, 이탈리아, 베네룩스 3개국이 회원국(6개 회원국)으로 이루어졌다. 석탄과 철강, 고철 등을 공동생산하고 관리하는 것이 주 업무였으며 고위기관(High Authority)이라는 초국가기구가 발족되어 이 기구가 이런 업무를 맡았다. 회원국들 간에 석탄과 철강제품이 거의 무관세로 거래가 되었다.

석탄과 철강은 전쟁수행에 필요한 전략물자이다. 이를 공동생산하고 관리함으로써 전쟁을 미연에 방지하자는 정치적 의도에서 출발했다. 즉 정치적 목적을 달성하기 위해 경제를 수단으로 이용한 것이다.

1950년 5월 9일 당시 프랑스의 외무장관 로베르 슈망(Robert Schuman)이 기자회견을 열어 독일과 프랑스의 석탄과 철강의 공동관리를 제안

하면서 참가를 희망하는 국가들에게도 문호를 개방했다. 이후 1년의 협상과정을 거쳐 ECSC가 출범했다. 원래 이 제안을 준비한 사람은 유럽통합의 아버지라고 불리는 프랑스인 장모네(Jean Monnet)이다. 유럽통합의 시초가 됐기 때문에 5월 9일은 '유럽의 날'로 지정되었다. 슈망이 기자회견을 연 날이기 때문이다.

유럽통합의 아버지 장 모네(사진 왼쪽)와 로베르 슈망 프랑스 외무장관 : 출처 – 유럽집행위원회

1952년부터 발효된 파리조약은 50년을 만기로 체결되었다. 2002년 7월 23일 만기가 되어 석탄과 철강업체 관리 등은 현재 유럽연합집행위원회가 맡고 있다. 보통 조약이 체결된 도시의 이름을 따서 '~조약'이라고 부르고 있다. 이 때문에 원래 유럽석탄철강공동체 설립조약이지만 보통 파리조약이라고 부르고 있다.

슈망선언의 한 구절을 인용한다.

> "유럽은 갑자기 혹은 단 하나의 계획에 따라 만들어지는 것이 아니다. 유럽은 우선 사실상의 연대감을 조성하는 구체적인 업적을 통해 건설될 것이다. 유럽의 여러 민족들이 단결하려면 오래된 프랑스와 독일의 적대감을 제거함이 필요하다."
>
> Europe will not be made all at once, or according to a single plan. It will be built through concrete achievements which first create a de facto solidarity. The coming together of the nations of Europe requires the elimination of the age-old opposition of France and Germany.

❷ **유럽경제공동체**(European Economic Community : EEC)**와 로마조약**

석탄철강공동체는 전략산업인 석탄과 철강에서 자유무역을 실현한 셈이다. 이를 경제분야 전체로 확대한 것이 경제공동체이다. 즉 상품과 서비스, 노동과 자본의 자유이동을 목표로 했다. 원래 1970년까지 관세동맹(customs union)을 형성할 계획이었다. 그러나 회원국들이 합의한 관세인하 등이 계획보다 더 빨리 완성되어 1968년 관세동맹이 결성되었다. 1957년 로마에서 체결된 EEC 출범조약은 로마조약이다(당시 회원국 간의 원자력협력을 촉진하는 원자력공동체〈European Atomic Energy Community : 보통 Euratom으로 불림〉도 로마조약에 의해 설립됐기 때문에 영어로 표현할 때는 Treaties of Rome이다).

여기서 주목할 점은 관세동맹을 결성할 때 3단계에 따른 단계별 접근법을 취했다는 점이다. 상품과 서비스, 노동과 자본이동을 제한하는 관세와 비관세장벽(Non-tariff Barriers : NTBs)을 순차적으로 제거했다. 나아가 회원국들은 비회원국의 수입품에 대해 공동대외관세(Common

External Tariff : CET)를 매겼다. 따라서 대외경제정책의 주요수단인 공동대외관세를 조정하고 비회원국과 협상하는 역할을 초국가기구인 집행위원회가 맡게 되었다.

❸ 단일유럽의정서(Single European Act : SEA)

원래 로마조약에 따르면 관세동맹 단계를 거쳐 상품과 서비스, 자본과 노동 등이 자유롭게 이동하는 공동시장(common market)이 형성되어야 한다. 그러나 1970년대 두 차례의 석유파동을 거치면서 당시 EEC 회원국들은 비관세장벽을 높게 쌓았다. 자국 내 실업률이 높아지는 와중에 다른 회원국 시민들의 자유이동을 반길 리가 없었다. 수입되는 회원국 상품에 대해 상이한 기술표준이나 품질인증 등을 요구하든지 아니면 통관절차가 까다롭든지 하는 것이 비관세장벽이다. 말로만 공동시장 혹은 단일시장이라고 했을 뿐이었지 현실은 이와 거리가 멀었다.

이런 분절화된(fragmented) 유럽경제공동체 회원국내 시장을 국경없는 하나의 시장으로 만들자는 프로젝트가 이른바 '1992'년이다. 즉 1992년 12월 31일까지 회원국 간의 각종 관세, 비관세장벽을 제거해 단일시장을 형성하자는 것이다. 단일유럽의정서는 1986년 2월에 서명되어 이듬해 7월부터 발효되었다.

SEA는 국경없는 단일시장을 형성하기 위해 1957년의 로마조약을 대폭 개정했다. 이 때 핵심은 많은 정책결정에 다수결을 도입한 것이다. 다수결에는 회원국이 한 표씩 갖고 표결하는 단순다수결과 회원국의 인구수에 따라 표수가 다른 – 인구가 많은 회원국일수록 더 많은 표를 보유 – 가중다수결(Qualified Majority Voting : QMV) 두 가지가 있다. 단일시장을 이룩하기 위해 필요한 많은 분야의 의사결정이 가중다수결로 변경되었다. 이전에 단일시장 관련 분야에도 회원국들은 아주 중요한 국익침해를 이유로 거부권을 행사할 수 있었는데 이런 거부권 행사를 점차 없애게 되었다.

이밖에 1970년부터 회원국들이 주요 국제문제에 대해 공동으로 논의하고 한 목소리를 내려고 노력하는 유럽정치협력(European Political Cooperation : EPC)도 공동체 틀 안으로 들어왔다. 어디까지나 회원국들이 외교문제를 상호 논의하고 공동입장을 취하려는 회원국 간의 협력절차이다. 후에 EPC는 유럽연합조약에서 공동외교안보정책으로 한 단계 진전이 된다.

단일시장 형성에 따른 경제분야의 의사결정방식 변경과 유럽정치협력을 한 문서에 모았고 회원국들이 같이 비준해 실행에 옮겼기 때문에 단일유럽의정서라고 불린다. 물론 경제분야는 다수결 표결이 가능해졌지만 EPC는 여전히 회원국들 간의 외교협력이었고 강제성이 없었다.

❹ **유럽연합조약**(Treaty on European Union : TEU, '마스트리히트조약')

1992년 서명되어 1993년 11월부터 발효되었다. 기존의 유럽공동체(유럽경제공동체와 석탄철강공동체)와 함께 유럽연합을 출범시켰다. 이 조약은 단일화폐 유로화의 출범을 규정하였으며 공동외교안보정책과 내무·사법분야의 협력도 새롭게 추가했다. 네덜란드의 국경도시 마스트리히트(Maastricht)에서 서명됐기 때문에 일명 마스트리히트조약으로도 불리지만 정식명칭은 유럽연합조약이다.

유럽공동체의 경우 공동체적 결정방식이 특징이다. 즉 행정부 역할을 하는 집행위원회가 정책이나 법안을 입안하면 회원국 장관들의 모임인 각료이사회(The Council of EU), 그리고 회원국 국민들이 직선한 유럽의회(European Parliament : EP)에서 서로 논의를 거쳐 정책이나 법안이 채택된다. 이 과정에서 집행위원회는 정책이나 법안의 독점적 발안권을 보유하고 있다. 초국가기구의 역할을 강조하는 셈이다. 통합이 많이 진전된 경제분야에 적용되며 유럽연합조약은 이를 제1기둥(The First Pillar)이라고 부른다.

반면에 공동외교안보정책은 제2기둥(The Second Pillar), 사법과 내무분야의 협력은 제3기둥(The Third Pillar)이라고 불리며 다른 정책결정방식이 적용된다. 정책이나 법안 제안권을 집행위원회, 그리고 회원국들이 공유한다. 또 제2기둥, 제3기둥의 경우 상당수가 거부권 행사가 가능하다. 경제분야와 다른 이런 결정방식을 외교안보와 사법, 내무분야에 적용한 것은 회원국들이 국가주권의 핵심인 이 분야를 초국가기구에 이양하기를 꺼렸기 때문이다.

❺ 기타 조약

1999년에 발효된 암스테르담조약(Treaty of Amsterdam)은 사법과 내무분야의 협력을 좀 더 보강했다. 제3기둥에 속했던 이민과 비자정책 등의 일부는 제1기둥으로 넘어갔다. 이에 따라 이러한 분야에서 다수결 투표가 가능해졌다. 또 공동외교안보정책 분야를 맡을 공동외교안보정책고위대표직(High Representative for CFSP)을 신설했다. 보통 '미스터 유럽'(Mr. Europe)으로 불리며 각료이사회 사무총장이 겸임한다.

1999년 나토(NATO : 북대서양조약기구) 전 사무총장이던 하비에르 솔라나(Javier Solana)가 현재 고위대표를 맡고 있다.

2001년 니스조약(Treaty of Nice)은 정책결정과정을 개혁해 회원국 간의 가중다수결 투표수를 조정했다.

2004년 유럽헌법조약(Treaty Establishing A Constitution for Europe)은 유럽통합사에서 보면 여러가지 측면에서 의미가 있다. 시민에게 친근한 EU를 만들고 동구권 확대 이후 효율적이며 좀 더 민주적인 정책결정을 이룩할 목적으로 이 조약을 체결했다. 기존에 여러 조약에 흩어져 있는 EU기구의 권한과 임무 등을 설명하고 협상과정에서 새로운 분야의 정책변화도 도입했다. 헌법조약에 대해서는 9에서 자세하게 설명한다.

유럽연합 기구는 무슨 권한을 갖고 있는가? 초국가기구인 점을 자세하게 설명해달라.

> 키워드 : 유럽연합집행위원회, 각료이사회, 유럽의회, 유럽법원, 유럽1심법원, 유럽이사회
>
> EU기구는 회원국으로부터 특정 분야의 권한을 넘겨받아 행사하고 법적 구속력이 있는 정책을 실행한다는 점에서 초국가기구이다. 보통의 민족국가에서 볼 수 있듯이 입법과 사법, 행정 분야로 나누어 설명한다. 행정기구는 집행위원회와 회원국 정부, 입법기구는 각료이사회와 유럽의회, 사법기구는 유럽법원이다.

❶ 행정기구 : 집행위원회와 회원국 정부

집행위원회(집행위)는 기본적으로 행정부 역할을 하면서 플러스 알파 기능을 수행한다. 벨기에의 브뤼셀에 위치하고 있다. 석탄철강공동체의 고위기구가 최초의 초국가기구라고 할 수 있다. 고위기구는 1966년 통합되어 집행위원회로 기능이 이관되었다.

집행위의 권한은 첫째, 정책이나 법안제안을 하면서 법안이나 정책결정과정에서 중재자역할을 한다. 경제분야의 경우 정책이나 법안제안 독점권을 보유하고 있으며 제2기둥인 외교안보, 제3기둥인 사법이나 내무분야는 회원국들과 정책이나 법안제안권을 공유하고 있다.

둘째, EU를 대표하는 기능이다. 다자간 혹은 양자간 무역협상에서 EU를 대표해 협상한다. 경제통합의 진전으로 이런 권한이 회원국으로

부터 집행위원회로 이양됐기 때문이다.

셋째, EU예산을 관리한다. 해마다 연초에 집행위원회와 EU 다른 기구의 다음해 예산을 편성해 각료이사회와 유럽의회에 제출한다. 예산집행 후 예산사용 내역을 의회에 다시 보고해야 한다.

넷째, 회원국의 법규위반을 감시하며 위반시 유럽법원에 제소한다. 집행위원회 위원장, 부위원장 그리고 집행위원으로 구성되어 있다. 현재 회원국 수와 동일한 27명의 집행위원(위원장과 부위원장을 포함)이 있으나 2014년부터 회원국의 2/3인 18명으로 축소될 예정이다. 집행위원이 너무 많아 업무를 쪼개어 행사하는 경우가 많아 비효율적이고 낭비가 심하다는 비판을 자주 받았다.

집행위원은 보통 한 나라의 장관처럼 대외통상, 예산, 경쟁정책 등의 업무를 나누어 맡고 있다. 한 집행위원 밑에 집행총국(Directorates-general)이 있다. 한 나라로 치면 집행총국이 기획예산처, 산업자원부와 같은 정부부처인 셈이다. 집행총국은 정책이나 법안제안을 하며 회원국이 제대로 EU법규를 이행하고 있는가를 감시하는 실무부서이다.

회원국 정부는 EU정책과 법규를 실제로 집행하고 관리하기 때문에 어느 정도 유럽연합의 행정부 기능을 수행하고 있다. 즉 2만명이 조금 넘는 집행위원회 관리들이 27개 회원국 정부를 일일이 감독한다는 것은 매우 어렵다. 따라서 일차적으로 회원국 정부가 EU정책과 법규를 집행하고 일부 감독하는 기능을 수행한다.

❷ 입법기구 : 각료이사회와 유럽의회(European Parliament : EP)

각료이사회(The Council of European Union, 보통 The Council로 표현함)

는 회원국 정부의 장관들이 모여 정책을 결정하는 주요기구이다. 외무장관이나 재무장관, 경제장관, 농업장관, 법무장관 등 다양한 구성의 각료이사회가 수시로 열린다. 외무장관 모임은 외교나 기타 다른 업무도 논의하기 때문에 일반 및 대외관계각료이사회(General Affairs and External Relations Council : GAERC)라고 불리며 빈번하게 열린다. 경제장관과 재무장관들의 모임은 경제·재무장관이사회(Economic and Financial Affairs Council : ECOFIN)로 불린다.

모든 회원국 정부는 벨기에의 수도 브뤼셀에 대표부를 두고 있다. 상주대표부(Permanent Representation)는 각 국의 대사관이다. 이들은 브뤼셀에 상주하며 집행위원회와 밀접하게 접촉하면서 집행위가 제출한 법안이나 정책제안을 자국에 보고한다. 또 정부를 대신해 협상을 하기도 하며 회원국의 움직임을 주시하며 수시로 정보를 수집하고 보고한다. 통상적인 대사관의 업무이다.

각료이사회는 원활한 운영을 위해 의장을 두고 있다. 회원국들이 6개월마다 한번씩 돌아가며 의장을 맡고 있다(순회의장, rotating presidency). 의장은 각료이사회 모임을 주재하며 회의록을 작성하고 국제사회에서 뒤에 소개되는 유럽이사회와 함께 EU를 대표한다.

유럽의회는 회원국 시민들이 직접 선출하는 의원들로 구성되며 임기는 4년이다. 브뤼셀과 프랑스 국경도시 스트라스부르, 룩셈부르크 등에 사무실이 산재되어 있다. 각 의원들은 예산위원회, 외교위원회 등 위원회에 소속되어 활동한다.

입법과정을 보면 집행위원회가 법안을 각료이사회에 제출한다. 각료이사회가 표결을 거쳐 통과된 법안을 유럽의회에 보낸다. 유럽의회가 법안을 논의한 후 거부하거나 개정을 요구할 수 있다. 이 과정에서 논란이 많은 법안은 보통 제정에 몇 년이 걸리기도 한다. 유럽의회가 각료이사회의 제출법안을 거부해 논란이 길어지면 보통 중재위원회(conciliation committee)가 열린다. 이 절차를 통해 집행위원회가 중재자 역할을 하며 각료이사회와 유럽의회 의원들이 타협점을 찾는다. 아직도 각료이사회가 유럽의회에 비해 입법기관으로서 더 많은 권한을 보유하고 있다. 그러나 통합이 진전되면서 유럽의회가 공동입법자(co-legislator)로서의 역할을 강화하고 있다. 단일시장 등 수 십개 정책분야에서 유럽의회와 각료이사회는 위에서 설명한 공동결정(co-decision)이라는 절차를 거쳐 입법활동을 하고 있다.

물론 법안을 제출하기 전에 집행위원회는 회원국 정부나 유럽의회의 의견을 구하기도 한다. 브뤼셀에 최소한 수 천명의 로비스트들이 활동하고 있다. 집행위원회는 법안이나 정책입안 단계부터 로비스트들의 의견을 구한다. 또 로비스트들도 적극적으로 자신들에게 유리한 혹은 덜 불리한 법안이나 정책을 만들기 위해 입법이나 정책과정에 적극적으로 관여하려고 노력하고 있다. 로비스트에 관한 자세한 설명은 13에서 설명한다.

❸ 사법기구

유럽법원(ECJ)과 1심법원(Court of First Instance : CFI)이 있다. 유럽법원은 파리조약, 로마조약, 유럽연합조약 등 각종 조약을 해석하고 판시한다. 또 집행위원회나 각료이사회가 제정하는 EU법의 하나인 규정(regulation), 지침(directive), 결정(decision)도 해석한다. 룩셈부르크에 소재하며 한 회원국이 한 명씩 재판관을 보내기 때문에 27명의 재판관이 있다.

　회원국 법원이 EU법(앞에 언급된 조약이나 규정, 지침, 결정 등) 관련 해석이 필요할 경우 이 해석을 ECJ에 의뢰한다(이를 선결적 부탁, preliminary reference라고 부른다). 만약에 회원국 법원이 조약이나 규정 등의 동일한 조문을 서로 다르게 해석해 적용한다면 많은 문제점이 발생할 것이다. 따라서 이런 혼란을 막기 위해 회원국 법원은 소송에서 EU조약이나 규정 해석을 ECJ에 의뢰하고 ECJ가 해석을 주면 이를 따른다. 또 EU기구가 조약을 위반했다고 생각되는 경우 한 기구가 다른 기구를 제소한다. 예컨대 집행위원회가 각료이사회의 조약위반을 발견할 경우 ECJ에 제소할 수 있다. 마찬가지로 유럽의회도 집행위나 각료이사회를 제소하는 경우가 종종 있었다.

　ECJ가 통합에 중요한 역할을 하는 경우가 있다. 2007년 10월에 있던 판례로 '폴크스바겐법'을 무효화하는 판결을 내렸다. 독일의 자동차회사 폴크스바겐은 니더작센주에 있으며 주정부가 최대 주주이다. 독일 정부는 적대적 인수합병으로부터 폴크스바겐을 보호하기 위해 아무리 많은 지분을 소유한 업체라도 의결권 행사를 20%로 제한했다. 집행위는 이런 조항이 자본의 자유이동을 제한, 단일시장 형성을 저해한다며 독일 정부를 ECJ에 제소했다. 결국 법원은 집행위의 손을 들어주었다.

　1심법원은 1988년부터 업무를 시작했다. ECJ의 업무가 폭증하다 보니 이를 해결하기 위해 설립되었다. 처음에는 EU기구 직원들의 법적분쟁과 경쟁법 등 제한된 분야만을 다루다가 이제는 거의 모든 업무를 다루고 있다.

　EU의 이런 주요기구는 경우에 따라 서로 협력하거나 갈등하는 양상을 보여왔다. 예컨대 유럽의회와 집행위원회는 각료이사회를 견제하는 데 때때로 협력했다. 그러나 유럽의회나 집행위 모두 초국가기구이지만 서로간의 정책권한 확대를 위해 경쟁도 하며 상호 소송을 제기하기도 했다. 따라서 EU기구간의 정책권한 배분 그리고 어떤 기구가 무슨 권한을 보유하는가는 조약개정 때마다 논란거리였다. 마찬가지로 회원국들도 집행위나 유럽의회 등 초국가기구에게 너무 많은 권한을 넘겨주지 않기 위해 노력해왔다.

❹ 기타 기구

유럽이사회(European Council)는 27개 회원국 수반들의 모임이다. 1년에 최소한 상반기, 하반기에 한차례씩 2회, 보통 3회 정도의 모임을 갖는다. 각료이사회가 해결하지 못한 난제 - 예컨대 예산안이나 다른 논란 - 를 해결한다. 또 유럽연합의 비전과 장기적 정책 방향 등을 제시하는 역할을 한다. 각 회원국 수반과 외무장관, 집행위원장 그리고 집행위원회의 한 사람이 회의 진행을 돕기 위해 유럽이사회에 참석한다. 각 국 수반들은 친근하고 열린 분위기에서 성이 아닌 이름을 부르며 허심탄회하게 협상타결을 위해 노력한다. 회원국들이 6개월마다 돌아가며 유럽이사회와 각료이사회 순회의장국을 맡아 대외적으로 EU를 대표한다.

유럽중앙은행은 유럽연합조약에 따라 독립성을 부여받았기 때문에 회원국의 그 누구나 다른 EU기구로부터 통화정책에 관한 지시를 받지 않는다.

이밖에 자문기구로 지역위원회(Committee of the Regions : CoR), 경

제사회위원회(Economic and Social Committee : Ecosoc)가 있다. 지역위원회는 각 회원국 정부의 지역대표들이 모여 지역정책 등에 관한 정책이나 법안에 대해 집행위에 의견을 준다. 경제사회위원회는 고용주나 노동자단체, 소비자단체 대표 등이 모여 집행위원회의 법안이나 정책 발안시 의견을 제시한다. 의견이기 때문에 법적 구속력이 없다.

EU의 공동정책을 설명해달라. 정책결정과정에서 각 기구간의 역할과 업무분담은 무엇인가?

> 키워드 : 공동농업정책, 공동통상정책, 경쟁정책, 공동외교안보정책, 자유·안보·사법지역
>
> 집행위나 각료이사회 등의 초국가기구는 많은 권한을 보유하고 있으며 이런 권한을 행사해 정책을 결정한다. 공동농업정책, 공동통상정책, 공동외교안보정책 등 여러가지 정책이 있다.

I. 유럽차원의 진정한 공동정책 : 공동농업정책(Common Agricultural Policy : CAP), 공동통상정책(Common Commercial Policy : CCP), 경쟁정책

농업정책과 통상정책, 경쟁정책은 유럽연합 차원에서 모든 회원국에게 단일 정책이 적용된다. 집행위가 정책이나 법안에 대한 독점제안권을 보유하고 있으며 각료이사회에서 표결(가중다수결)을 거쳐 정책이 결정된다. 공동통상정책을 통해 EU가 비회원국과 무역협정을 체결하면 유럽의회는 이 협정을 비준하거나 거부할 수 있다. 또 협상과정에서 의회 의견반영을 요구할 수도 있다. 집행위원회는 경쟁정책을 통해 매출액 기준으로 일정 규모 이상의 기업 인수·합병을 허용하거나 거부한다. 또 특정 기업의 독과점이나 회원국의 보조금 지급도 감시한다.

❶ 공동농업정책

EU 회원국 농민들이 생산하는 농산물에 대해 유럽연합 차원에서 일정 수준의 가격을 보장해주고 소득도 보전해주는 정책이다. 1963년 곡물과 우유, 치즈 등 일부 품목지원을 시작으로 점차 지원대상품목이 확대되었으며 1983년부터 수산물도 지원을 받았다(공동수산정책 : Common Fisheries Policy).

초기에는 농민들이 생산하는 농산물은 생산량에 관계없이 거의 대부분 지원을 받았다. 이 때문에 과잉생산, 이에 따른 EU예산의 엄청난 지원과 과잉생산물 저장과 처분 등이 문제로 대두되었다. 영국 언론은 이런 문제를 호수처럼 넘쳐나는 포도주(wine lake), 산처럼 쌓인 치즈(cheese mountain)라고 표현하곤 한다. 1980년대 중반까지 당시 회원국 전체 인구에서 농민이 차지하는 비중이 5%도 되지 않았는데 이런 농민을 위해 EU예산의 2/3가 지출되었다.

또 대부분의 경우 이런 가격지지정책 때문에 EU농산물 가격이 국제 수준보다 높았다. 따라서 공동농업정책은 대개 농수산물을 수출하는 빈국으로부터 많은 비판을 받았다. 유럽연합 회원국 농민들이 생산하는 제품을 우선 구매해주고 다른 나라의 농산물 수입은 높은 관세를 매겨 수입을 제한했기 때문이다. 그러나 공동농업정책은 점차 개혁되었다. EU내부적으로는 예산지출 우선순위의 변화, 국제적으로는 우루과이라운드(UR)라는 다자간 협상과정에서 주요 통상이슈가 되었다.

우선 지원품목 가운데 허용된 생산량만큼만 지원해주었고 이를 초과하면 벌금도 물렸다. 농부들은 벌금을 내지 않기 위해 생산량을 줄이게 되었다. 또 가격지원 일변도에서 벗어나 소득보전도 도입했다. 땅을 놀리는 농부들에게 소득보전을 해줬으며 조기 은퇴하는 농부들에게도 소득을 보전해줬다. 1990년대 중반에 이르러 EU예산 가운데 공동농업정책에 소요되는 예산은 절반 정도로 줄었다. CAP 예산이 줄어드는 만큼 EU는 가난한 회원국의 침체된 지역을 지원해주는 지역정책에 더 많은 예산을 지출하게 되었다.

다자간무역협상에서 미국 등의 선진국과 함께 개도국, 빈국은 공동농업정책이 너무 보호무역주의적이라며 개혁을 줄기차게 요구했다. 이런 국제적인 압력도 CAP의 점진적 개혁을 초래한 한 원인이다. 2006년 9월 좌초된 도하개발어젠다(DDA, 세계무역기구의 다자간 무역협상)에서도 EU의 공동농업정책이 비판의 도마에 올랐다.

정책결정과정은 집행위원회가 해마다 봄에 지원 농산물 가격안을 각료이사회에 제출한다. 이어 각료이사회(각 국 농업장관들이 모여)에서 최종 가격이 결정된다. 합의과정에서 각 국의 이해관계가 다르거나 각 회원국과 집행위 의견이 달라 협상이 장기화하곤 한다. CAP는 가장 오래된 공동정책이지만 이 정책에 관한한 유럽의회의 권한이 미비하다. 즉 유럽의회는 집행위의 가격지지안이나 개혁안을 논의할 수 있을 뿐 이의 변경을 요구할 수 없다.

❷ 공동통상정책

앞에서 통합과정을 설명할 때 회원국 간에 1968년 관세동맹이 형성되었다고 언급했다. 관세동맹의 형성으로 집행위라는 초국가기구가 비회원국과 무역협상을 갖게 되었다. 즉 대외무역협상권이 회원국으로부터 집행위원회로 이양되었다. 관세동맹의 체결로 회원국이 개별적으로 행사했던 비회원국에 대한 대외관세가 EU차원의 공동대외관세로 변경되었다.

　2007년 7월부터 우리나라와 EU는 자유무역협상(FTA)을 개최했다. 당시 EU대표는 집행위원회 대외통상담당 집행위원 소속의 한 관리였다. 물론 각료이사회는 가중다수결로 집행위원회에게 협상지침을 내린다. 집행위는 이 지침의 범위 내에서 협상할 수 있다. 또 협상 중에는 각 회원국 고위 공무원들이 일명 '133위원회'(유럽연합조약 133조에 이 규정이 있기 때문에 이렇게 지칭됨)를 결성해 집행위와 수시로 접촉해 집행위가 협상지침을 지키는지를 주시하고 상황에 따라 새로운 협상지침을 내린다.

　대외협상뿐만 아니라 비회원국에 대한 반덤핑, 보조금 지급 등에 대한 조사와 협상도 집행위원회 임무이다. EU는 2000년 말 우리나라 조선업체가 과도한 보조금을 받았다며 문제를 제기했고 우리와 수차례 협상을 가졌다. 또 반도체 부문의 보조금 지급도 EU가 제기했으며 자동차 부문의 무역 불균형도 수차례 제기되었다(별도 항목으로 EU와 우리 관계를 다룰 때 설명이 된다). 또 비회원국이나 지역과 무역협정이나 준회원국 협정을 체결할 때에도 집행위가 협상을 한다. 이런 협상안을 각료이사회가 승인하고 유럽의회가 승인하거나 거부할 수 있다.

❸ 경쟁정책

　마이크로소프트(MS)사는 2007년 10월 유럽1심법원의 판결을 수용한다고 밝혔다. 1998년부터 거의 9년을 끌어온 이 사건의 핵심은 MS가 개발정보를 공개하지 않고 윈도우즈 미디어 플레이어를 끼워팔기한 것이 공정한 경쟁을 저해했다는 내용이다. MS는 집행위원회 경쟁담당총국의 이런 결정에 불만을 품고 집행위의 정책이 잘못되었다며 1심법원에 제소했으나 패했다. MS는 한 달 이내에 유럽법원에 항소할 수 있었지만 포기하고 일심법원의 판단을 받아들였다. 위의 예에서 알 수 있듯이 집행위원회가 행사하는 경쟁정책 관련 권한은 막강하다.

우선 집행위원회 경쟁담당 집행총국은 경쟁제한행위와 우월적 지위 남용을 감시한다. 공정경쟁을 저해하는 담합이나 독과점 등을 감시해 시정을 요구한다. 위에 예를 든 MS사는 독과점에 해당된다.

또 일정 규모 이상의 인수·합병은 집행위의 승인을 받아야 가능하다. 모든 기업의 인수·합병을 조사하고 승인하는 것이 아니라 규모가 크고 회원국에 걸쳐 사업을 하는 기업을 심사한다. 기업의 전세계 총매출액이 50억유로(약 6조2500억원 정도) 이상이며 관련된 기업가운데 최소한 두 개 기업의 EU내 매출액이 각각 2억5000만유로 이상이거나, 관련된 기업 중 최소한 한 개 기업이 EU내 매출액의 2/3 미만을 한 회원국에서 올릴 경우이다(특정 회원국에 치우친 매출이 아닌 몇 개 회원국에 치우친 매출임을 의미). 이런 조건을 모두 충족하는 기업의 경우 집행위가 인수·합병을 검토한 후 승인하거나 거부한다. 기업들이 집행위원회의 이런 정책판단을 수용하지 않으면 유럽1심법원에 소송을 제기한다. MS도 이러한 절차를 따랐다.

또 하나 경쟁정책의 특징은 회원국의 불공정행위도 철저하게 감시한다는 점이다. 회원국이 구조조정 중인 특정 기업에 보조금을 줄 경우 집행위의 승인을 받아야 한다. 그렇지 않으면 특정 회원국의 기업에만 유리한 기업환경을 조성해 다른 회원국 기업들이 불리할 수 있기 때문이다. 즉 단일시장이 원활하게 운용되려면 공정경쟁규칙을 확립해주고 감시하는 기구가 필요한데 집행위원회가 이런 역할을 수행한다.

경쟁정책은 미국과도 자주 갈등을 빚어왔다. 보잉과 에어버스는 국제 민항기 시장에서 치열하게 경쟁하고 있다. 지난 1997년 미국의 보잉과 맥도널 더글라스가 합병을 결정했을 때 집행위는 이를 반대했다. 두 회사의 합병으로 출범한 회사가 유럽 내 대형 민항기 시장에서 독점적 지위를 차지한다는 이유에서 였다. 반면에 미국의 공정거래위원회(Federal Trade Commission)는 이 합병을 승인했고 EU가 에어버스(유럽연합 회원국들이 공동으로 출자한 항공기 제조회사)를 보호하기 위해 자국 기업의 합병을 반대한다고 의심했다. EU가 미국기업의 인수·합병에 대해 큰 소리를 치고 있으니 미국이 좋아할 리가 없다. 미국 월가의 이익을 대변하는 월스트리트저널은 2007년 11월 1일자 사설에서 유럽연합의 이런 정책을 '유럽제국주의'라며 맹공을 퍼부었다. EU가 회원국 기업들에게만 유리하게 이런 정책을 결정하며 미국 기업의 영업활동을 가로막고 있다는 것이다. 미국 시각에 치우친 사설이지만 미국이 EU의 경쟁정책을 매우 싫어하고 있음을 짐작할 수 있다.

정책결정과정은 집행위원회 경쟁담당총국과 집행위원이 정책을 입안하고 집행위원회에서 다수결로 정책이나 법안 초안이 통과되어야 한다. 같은 집행위원회 내 산업담당위원과 경쟁담당위원간의 의견충돌이 공개적으로 노출되곤 한다. 아무래도 산업담당 집행위원은 기업의 이익을 옹호하는 경우가 많은 반면 경쟁담당 집행위원은 공정경쟁확립을 정책의 초점으로 두기 때문이다.

Ⅱ. 공동체 차원의 공동정책이 되려고 노력 중인 정책 : 공동외교안보정책, 자유·안보·사법지역(사법 및 내무분야의 협력)

공동외교안보정책과 자유·안보·사법지역은 집행위원회와 회원국이 정책이나 법안제안권을 공유하고 있다. 또 거부권 행사가 가능하기 때문에 공동농업정책, 공동통상정책 등과 비교해 아직 진정한 의미의 공동정책이 아니다.

❶ 공동외교안보정책

공동외교안보정책은 공동농업정책이나 공동통상정책처럼 동일하게 공동이라는 단어를 쓰고 있으나 실상은 그렇지 않다. CAP이나 CCP와 달리 집행위원회의 권한이 그리 막강하지 못하며 회원국들이 아직도 이 정책에서 거부권 행사가 가능하기 때문이다.

2003년 3월말 미국은 영국 등 동맹국과 함께 이라크를 침공했다. 당시 유럽연합 25개 회원국은 영국과 스페인 주도의 친미파와 프랑스와 독일 주도의 반미파로 나뉘어 분열되었다. 당시 일부 언론은 유럽의 분열을 이야기하고 EU가 무기력하다는 비판을 쏟아 부었다. 그러나 현실적으로 회원국의 거부권 행사가 가능하기 때문에 회원국들이 합의하지 않는 한 공동정책을 실행할 수 없다. 이런 현실을 감안하면 EU가 무기력하다는 것은 정책결정과정을 모르고 하는 소리이다.

반면에 회원국들의 합의로 공동외교안보정책을 실행한 예가 종종 있다. 1990년대 초 남아프리카공화국에 대한 공동외교안보정책은 앞에서 설명했다. 또 1990년대 말부터 팔레스타인자치정부의 경찰훈련과 선거 감시 등도 공동외교안보정책으로 실시했다. 이밖에 2005년 아프리카의 수단에 대해서도 EU 각 회원국들은 공동외교안보정책을 실시했다. 유럽의회는 CFSP에 대해 질의하고 답변을 얻을 수 있을 뿐이어서 정책결정과정에 그다지 큰 영향력을 행사할 수가 없다.

❷ **자유·안보·사법지역**(Area of Freedom, Security and Justice : AFSJ)

단일시장의 형성으로 선량한 시민뿐만 아니라 범죄인들도 회원국 어느 곳으로도 도주가 가능해졌다. 따라서 사법과 내무분야의 협력이 점차 필요하게 되었다. 원래 1970년대 중반부터 회원국내 테러용의자에 대한 정보교환, 1980년대에는 축구 훌리건들에 대한 정보교환과 대처를 회원국들이 협력해 해결해 왔다. 그러나 1993년 발효된 유럽연합조약에서 사법과 내무분야의 협력(Cooperation in Justice and Home Affairs)이 공식적으로 규정되었다. 1999년 암스테르담조약의 발효 이후 자유·사법·안보지역으로 명칭이 변경되면서 정책변화도 있었다.

AFSJ로 명칭을 변경하고 2003년부터 비자나 난민, 이민 등의 문제 상당수는 회원국들이 단일정책을 실시하기로 합의했다(3기둥에 있던 정책이 1기둥으로 옮겨졌다. 1~3 기둥은 유럽연합조약 부분을 참조). 즉 난민의 정의에 대해 합의했고 한 회원국에서 난민이나 이민을 거부당한 사람들에 대한 회원국 간의 처리와 정보공유가 가능하다. 또 비회원국 가운데 관광비자(보통 3개월) 면제대상국도 합의해 공동으로 실시한다. 국경을 넘는 범죄에 대해서는 유로폴(유럽경찰, European Police Agency : Europol)이라는 기구가 역할을 담당하고 있다. 미국의 연방수사국(FBI)처럼 수사권을 갖지는 않지만 국경을 넘는 범죄에 대해 각 회원국 간의 수사공조나 협조를 담당한다. 또 마약이나 테러범 데이터베이스도 구축하여 회원국들이 공유한다.

형사나 민사분야에 대해서는 각 회원국 검찰들이 모여 협력하는 '유로저스트'(Eurojust)라는 기구가 있다.

아프리카의 모로코에서 지중해만 건너면 이탈리아나 스페인으로 들어올 수 있다. EU는 지중해 연안의 아프리카 나라들과 정례 정상회담을 통해 이들의 경제발전을 지원해준다. 또 작은 나룻배를 타고 지중해를 건너 EU 회원국으로 밀입국하는 아프리카 사람들을 단속하기 위해 지중해상의 해상감시를 강화하고 있다. 이를 위해 유럽국경관리처(European Border Management Agency)를 설치했다. 폴란드 바르샤바에 위치한 이 기구는 회원국 간의 국경수비 협조를 조정한다. 스페인이 지중해 해상을 다 감시할 수 없기 때문에 독일이나 프랑스 해군에 원조를 요청하곤 한다. 이럴 경우 가능한 회원국들이 해군이나 해경 등을 파견해 스페인 해군을 도와 해상감시를 수행한다.

3기둥에서 1기둥으로 이전된 비자 등 일부 정책의 경우도 각 회원국은 상황에 따라 결정이나 협약 등의 적용을 거부할 수도 있어 아직도 이 분야는 그간의 진전에도 불구하고 진정한 의미의 공동정책이 아니다.

유로화는 달러화를 대체하는 준비통화(reserve currency, 혹은 국제통화 –international currency)가 될 수 있을까?

> **키워드 : 유로, 준비통화, 달러**
>
> 유로화는 1999년 1월 1일 국제무대에 데뷔했다. 그로부터 만 8년이 지난 현재 유로화는 나름대로 기반을 잡았다. 각 국 중앙은행들이 보유 중인 공식외환보유고(official foreign exchange reserves) 가운데 유로의 비중이 증가했고 유로화 표시 채권발행도 급증했다. 일부에서는 이런 점을 감안해 유로가 점차 달러를 대체하는 준비통화가 될 수 있으리라고 조심스럽게 기대하기도 한다. 그러나 아직도 유로가 달러를 대체하려면 최소한 10년~15년은 더 있어야 한다는 것이 중론이다.
>
> 우선 준비통화가 무엇이고 1999년 이후 유로화가 국제무대에서 차지하는 위상이 변한 모습을 차례대로 살펴보자.

❶ 준비통화

외국여행을 하면 대개 방문국의 돈으로 환전해 써야 한다. 그러나 미국 달러나 일본 엔화, 유로화 출범 이전의 독일 마르크(DM)를 보유한 사람은 이런 돈을 현지에서 지불할 수 있었다. 그만큼 달러나, 마르크, 엔화는 일종의 국제통화 역할을 수행했다. 이들 국가의 경제력이 크고 무역이나 외환거래에서 이런 화폐를 많이 사용했기 때문이다. 또 각 국 중앙은행도 자국 화폐의 가치가 너무 떨어지거나 오르면 외환시장에 개입해 자국 화폐 가치를 유지할 목적으로 외환을 보유하고 있다. 1990년대 말까지 미 달러는 각 국 중앙은행들이 외환보유고로 보유 중인 화폐 가운데 2/3정도를 차지했다. 2차대전 이후 미국 달러는 준비통화 역할을 수행해왔다. 다른 나라와의 교역에서 주로 달러를 사용했고 중앙은행이 외환시장에 개입할 때에도 대개 달러를 투입했다. 미 달러는 미국의 막강한 군사력과 함께 미국의 패권을 실증해 주는 하나의 뚜렷한 실체였다. 미국의 저명한 국제정치경제학자 로버트 길핀은 *Global Political Economy*(2001, 고현욱 등 역 - 세계정치경제론, 인간사랑 : 2005)에서 달러, 유로화, 엔화의 통화블록이 결성될 경우 3자간의 갈등과 긴장관계가 지속될 것으로 내다보고 있다. 유로화가 달러 패권에 도전할 경우 미국의 정치·경제 엘리트가 상당한 불안 혹은 위협을 느낄 것이라는 전망도 제기하였다(번역본 pp. 382~386 참조).

하나의 화폐가 예비통화로 자리잡으려면 무엇보다도 이런 화폐를 사용하는 나라의 경제력 규모가 커야 한다. 경제력 규모가 커서 다른 나라와 교역을 하면서 자국 화폐를 준다. 거래 상대방도 이 화폐를 보유하고 있으면서 타국과 교환이 가능하다면 자연스럽게 이런 통화가 예비통화 역할을 할 수 있을 것이다.

현재 동북아시아 상당수의 국가가 주로 미 달러를 예비통화로 보유하고 있다. 그러나 10~20년 후에는 어떨까? 지난 5년간 중국 경제는 연평균 10%가 넘는 파죽지세 성장을 기록했다. 골드만삭스는 브릭스(BRICs : 브라질, 러시아, 인도, 중국) 보고서를 통해 중국 경제가 최소한 2050년에 미국을 추월할 것으로 전망했다. 이럴 경우 중국의 위안화도 예비통화 역할을 할 수 있을까? 2007년 11월 국내 모 경제지는 중국당국이 국제통화로서의 위안화 위상을 제고하기 위해 여러가지 연구를 수행해왔다고 보도했다. 외국기관이 중국 금융시장에서 위안화 표시채권(일명 판다펀드) 발행을 허용하는 등 여러가지 방안을 검토하고 있다는 보도였다. 앞으로 10년~20년 후 국제무대에서 위안화의 위상을 예상해보는 것도 재미있을 것이다.

❷ 1999년 출범 이후 유로화의 위상

국제통화기금(IMF)이 분기별로 외환보유고를 공개한 회원국의 외환보유고 구성현황(Currency Composition of the Official Foreign Exchange Reserve : COFER)을 공표한다. 2007년 12월 27일 공개한 자료에 따르면(FT 31 Dec, 2007보도) 2007년 3분기 유로화 비중은 26.4%로 2분기보다 0.9%P 증가했다. 2006년 3분기는 24.4% 기록한 바 있다. 반면에 달러 비중은 63.8%로 줄어들었다. 전년 동기 비중은 66.5%를 차지했다.

달러의 비중이 소폭 줄어든 것은 유로화 강세, 달러 약세로 각 국 중앙은행들이 외환보유고 다변화 전략을 취했기 때문이다. 다음 그래프에서 볼 수 있듯이 1999년 1월 1일 1유로는 1.1정도의 미 달러를 구입할 수 있었다.

유로화가 달러보다 강세를 보였다. 그러다가 2000년 말부터 거의 1년간 0.8달러로 유로화 가치가 추락했다. 이후 서서히 가치를 회복한 유로화는 2008년 2월 26일 외환시장에서 1.50달러선을 돌파했다. 현재(2008년 3월말 기준) 미국의 기준금리는 2.25%. 경기침체 우려로 경기를 부양하기 위해 상반기내 추가 금리인하가 예상된다. 반면에 유로존의 소비자물가는 3%가 넘어 물가억제에 비상이 걸려 현재 4%의 금리를 내릴 수 없는 입장이다. 이런 금리차로 자본이 금리가 높은 곳에

몰리고 유로존의 경제가 상대적으로 미국보다 좋기 때문에 미 달러의 약세는 당분간 계속될 것으로 보인다.

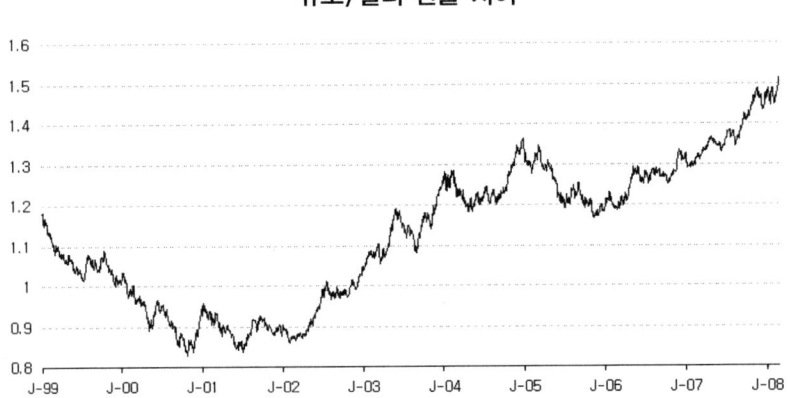

유로/달러 환율 차이

출처 : 블룸버그통신, 좌측은 1유로에 대해 미 달러의 가치, 하단은 1999년 1월을 기준으로 이어 매해 1월을 기준으로 한 유로와 달러의 평균 환율임

이처럼 유로화 가치가 달러에 대해 차차 강세를 보이면서 2006년 말 기준, 시중에 유통 중인 유로화 지폐가 달러 지폐의 가치를 넘었다. 유로화의 경우 최대 500유로 지폐가 있으나 미 달러는 100달러짜리 지폐가 최고액권이다. 특히 유로화 고액권은 범죄집단이 돈세탁 등의 용도로 많이 사용해 EU 각 회원국 사법당국이 긴장하고 있다.

유로를 심층연구한 미국 버클리대학교 경제학과의 배리 아이켄그린 (Barry Eichengreen) 교수는 국제정치경제에서 유로화의 역할이 느리지만 점진적으로 증가해왔다는 점을 지적하며 너무 낙관도 하지 말고 비관도 하지 말라고 지적했다. 유로가 준비통화인 달러를 조만간 따라잡지 못할 것이지만 그렇다고 유로존(단일화폐를 사용하는 15개 회원국)이 붕괴하지는 않을 것이라는 점이다. 그는 유로화가 언제 준비통화가 될 수 있을 지를 명시하지 않았지만 그 가능성을 부인하지 않았다. 필자가 이 장 첫 머리에 제기한 최소한 10~15년은 일부 학자들이 제시한 개략적인 시간표일 뿐이다.

하버드대학교 경제학과 제프리 프랜켈(Jeffrey Frankel) 교수와 위스콘신대 경제학과 멘지 친 교수는 지난 3월말 유로화가 빠르면 2015년에 달러화를 제치고 준비통화가 될 것이라고 전망했다. 특히 두 사람은 2005년 모델에서 2022년에도 유로가 달러를 따라잡지 못할 것이라고 전망한 것을 수정한 것이어서 주목된다.

유로화 출범 관련 연표

- 1971. 8월 : 브레튼우즈체제(Bretton Woods System) 붕괴. 미 달러화 본위의 국제통화체제. 금 1온스당 35달러로 미 달러화의 가치를 정해 달러화에 대해 무한정 금태환이 보장됨. 국제통화기금(IMF) 회원국들은 자국 통화를 미 달러화에 대해 상대적으로 가치평가했으며 실제적으로 고정환율제였음. 그러나 미국은 당시 베트남전이 장기화하면서 재정적자가 누적됨에 따라 금태환을 포기했고 이에 따라 각국은 사실상 변동환율제를 채택할 수밖에 없게 됨. 이미 1969년 말부터 미국 정부의 금태환 포기 조짐이 드러났다.
- 1970. 10월 : 당시 EEC 6개 회원국 베르너보고서 채택(The Werner Report). 고정환율제에서 변동환율제로 이전이 불가피함에 따라 EEC 회원국들은 환차손 등을 방지하기 위해 회원국 화폐간의 가치변동폭 등을 논의함. 6개 회원국 재무장관들이 모여 1980년까지 단일화폐

채택을 목표로 하는 경제통화동맹안을 제시. 당시 룩셈부르크 총리이자 재무장관으로 이 모임을 주재한 피에르 베르너의 이름을 따 베르너보고서라고 불림.

- 1972. 3월 : '스네이크'(Snake) 체제 운영 - 독일, 베네룩스 3개국과 노르웨이, 덴마크 등 6개국이 참가. 회원국 화폐와 미 달러간의 환율 변동폭(fluctuation band)을 상하 2.25%로 정해 이 폭을 넘어서면 중앙은행이 환율시장에 개입함.
- 1979. 3월 : 유럽통화체제(EMS) 운영 시작. 유럽통화단위(European Currency Unit : ECU)는 9개 회원국 통화에 가중치를 매겨 바스켓통화(basket currency)로 구성됨. ECU는 회계단위의 역할을 수행함. 또 환율조정기구(Exchange Rate Mechanism : ERM)라는 메커니즘을 통해 회원국 화폐간의 환율변동폭이 2.25%로 결정됨. 이 범위를 넘게 되면 각 국 중앙은행들이 환율시장에 개입해야 함. 각 국이 자율적으로 합의해 자국 화폐 가치를 상호조정했지만 사실상 독일 마르크화가 준비통화 역할을 수행함. 독일 중앙은행은 변동폭 사수를 위해 자금이 필요한 회원국들에게 45일간 단기 자금을 대출해 줌.
- 1989. 4월 : 들로르보고서(The Delors Report). 3단계에 걸친 단일화폐 출범을 제안. 그해 6월 스페인 마드리드에서 개최된 유럽이사회에서 이 보고서 승인.

1단계는 회원국의 자본통제 철폐. 2단계는 회원국 간 경제와 통화정책 조정 강화. 3단계는 단일화폐 출범임.

- 1993년 11월 : 유럽연합조약 출범
- 1999. 1. 1 : 유로화 국제무대에 데뷔(당시 11개국이 참여, 불참한 회원국은 영국, 덴마크, 스웨덴, 그리스)

- 2001. 1 : 그리스 12번째 회원국으로 유로화 도입(채택에 필요한 이자율, 인플레이션율 등 '수렴조건'을 준수해 유로화 도입이 허용됨)
- 2007. 1. 1 : 중동부 신규회원국 가운데 최초로 슬로베니아가 유로화 도입
- 2008. 1. 1 : 키프로스, 몰타 유로화 도입으로 모두 15개 회원국이 단일화폐 채택. 신규회원국도 가입시 통합과정에서 이룩한 조약과 선언 등을 모두 수용하기 때문에 수렴조건을 충족할 경우 유로화를 채택하게 됨.

유럽연합(EU)의 확대는 어디까지?

> **키워드 : 가입조약, 코펜하겐 가입조건, 터키**
>
> 1958~1969년까지 프랑스 대통령을 역임한 드골은 '우랄산맥에서 대서양까지' (from the Urals to the Atlantic)라는 말로 유럽의 경계를 표현했다. 과연 유럽연합은 현재의 27개 회원국으로부터 어디까지 확대될까? 20년 넘게 가입을 희망해온 터키는 EU 회원국이 될 수 있을까? 러시아는?
> 유럽통합사를 보면 주기적으로 신규 회원국을 받아들여 유럽연합의 회원국 수는 늘어났다. 유럽연합의 확대현황과 문제점, 전망을 알아보자.

❶ 유럽연합 확대 현황

1957년 출범한 EEC의 회원국은 독일과 프랑스, 이탈리아, 베네룩스3국(벨기에, 네덜란드, 룩셈부르크) 등 6개국이다. 1973년 영국과 아일랜드, 덴마크가 가입해 9개 회원국으로 늘어났다. 1981년 그리스, 1986년 스페인, 포르투갈이 회원국이 되어 12개국이 되었다. 1995년 스웨덴과 핀란드, 오스트리아가 가입했다. 이어 2004년 5월 1일자로 폴란드, 헝가리, 체코, 슬로바키아, 슬로베니아, 발트3국(리투아니아, 에스토니아, 라트비아), 키프로스, 몰타 10개국이 한꺼번에 가입했다. 2007년 1월 1일 발칸반도의 루마니아와 불가리아가 EU에 가입해 모두 27개 회원국이 되었다.

유럽연합 27개 회원국 현황 : 출처 - 집행위원회

❷ 회원국 가입절차와 문제점

우선 가입을 희망하는 나라는 각료이사회에 정식으로 가입신청서를 제출한다. 각료이사회는 집행위에 신청국가가 과연 EU회원국이 될만한 가를 평가해달라고 의견을 구한다. 집행위는 신청국의 정치와 경제, 행정이 EU의 법과 단일시장 등을 받아들일 수 있는가를 평가해 각료이사회에 의견을 제출한다. 이 과정은 매우 치밀한 조사를 필요로 하기 때문에 최대 3년 정도 걸린다. 또 집행위는 의견을 제시할 때 유럽의회와 상의한다. 각료이사회는 집행위 의견을 참고로 가입신청국과 가입협상 개시 여부를 만장일치로 결정한다. 가입신청이 난 회원국은 기존 회원국을 대표하는 각료이사회 순회의장국 그리고 집행위원회 대표와 가입협상을 전개한다. 이 과정도 최소한 몇 년 걸린다. 상품과 서비스, 노동과 자본, 농업정책과 어업정책, 경쟁정책, 공동외교안보정책 분야 등 모두 31개 분야(보통 챕터-chapter-라고 표현함)에 걸쳐 협상을 벌여 타결이 되어야 하기 때문에 많은 시간이 필요하다. 기본적으로 가입협상국은 기존 정책을 모두 수용해야 하고 일시 수용이 어려움을 감안해 보통 5~7년 정도의 과도기를 인정받는다. 따라서 늦게 가입할수록 가입협상국이 수용해야 하는 정책분야나 내용이 엄청나게 늘어나 어려움이 많다. 가입협상이 종결되면 가입협상국과 기존 회원국 대표들이 가입조약(treaty of accession)을 가서명한다. 이어 유럽의회는 절대다수결로 가입을 승인하거나 거부할 수 있다. 이어 기존 회원국 모두가 헌법절차에 따라(일부는 국민투표가 필요하기도, 일부는 의회비준만으로 해결됨) 가입조약을 승인해야 가입신청국은 정식으로 EU의 회원이 된다. 이런 과정을 종합해볼 때 가입신청에서 최종 가입까지 최소한 3년~8년이 걸린다.

　1973년 영국과 아일랜드, 덴마크가 가입했을 때 영국은 가입시 예산과 공동농업정책의 조정 등 몇 가지 어려움에 직면했다. 영국은 뉴질랜드나 호주 등 영연방국가로부터 치즈나 우유 등을 값싸게 수입했다. EEC 회원국이 되면 회원국 농산물 구입이 우선이기 때문에 당연히 뉴질랜드는 최소한 몇 년간 자국의 대영 주요 수출품이 급격하게 줄어드는 것은 원하지 않았다. 따라서 영국은 이런 문제점을 기존 회원국들과 협상을 통해 낙농제품에 대한 과도기를 두는 식으로 해결했다. EEC

예산납부도 영국 정부에 골칫거리였다. 당시 EEC 예산의 70% 정도가 공동체 농민지원에 소요되었다. 그러나 영국은 세계에서 최초로 산업혁명을 이룩한 나라였기 때문에 전체 고용인구 가운데 농민비중이 매우 낮았다. EEC 예산은 비회원국으로부터 수입되는 농산물과 공산품에 대한 관세 등으로 충당되었다. 즉 비회원국으로터 농산물과 공산품을 많이 수입할수록 EEC 예산에 많은 돈을 납부했다(예산에 대한 자세한 설명은 별도의 항목을 참조). 이런 예산납부규칙 때문에 영국은 많은 돈을 EEC예산에 냈지만 공동농업정책으로 지원받는 돈이 매우 적었다. 즉 너무 많이 내고 너무 적게 받았다. 이런 예산납부에 대한 문제점도 과도기를 적용받아 해결하려고 했다.

그리스와 스페인, 포르투갈의 당시 EEC가입은 보통 남부확대(southern enlargement)라고 불린다. 세 나라 모두 남부유럽에 있었고 가난하며 독재정권 시대를 겪었다는 공통점을 지니고 있었다. 당시 신규 3개국의 1인당 국내총생산(GDP)은 9개 회원국의 그것과 비교해 절반 정도에 불과했다. 그만큼 경제적으로 낙후된 국가였다. 따라서 기존 회원국들은 가난한 신규회원국에게 많은 경제적 지원을 제공해주었다. 1987년 발효된 단일유럽의정서(SEA)는 경제적・사회적결속(economic and social cohesion) 조항을 신설했다. 각 회원국 간의 경제적 격차와 사회계층간의 격차를 줄이고자 낙후된 지역에 대한 지원을 대폭 늘렸다.

1995년 가입한 스웨덴과 핀란드, 오스트리아는 부유한 국가였기 때문에 가입에 따른 문제점이 별로 없었다. 이들 3개 국가는 모두 냉전시대 중립국 지위를 유지해왔는데 냉전붕괴 이후 이럴 필요가 없고 당시 EU 회원국과 경제적으로 밀접한 관계를 맺어왔기 때문에 회원으로 가입했다.

스웨덴, 핀란드, 오스트리아 가입 때까지 명시적인 가입조건이 없었다. 그러나 중동부유럽의 가입을 앞두고 회원국들은 1993년 6월 덴마크 코펜하겐에서 열린 유럽이사회에서 가입조건을 명시했다. '코펜하겐' 가입조건(Copenhagen Criteria)이라고 불리는 이 조건은 가입희망국들이 정치적으로 민주주의와 법치주의와 인권, 소수민족에 대한 보호장치를 보장하는 안정된 제도를 구비할 것, 원활하게 작동하는 시장경제로서 단일시장의 압력에 적응할 수 있는 능력 그리고 정치연합, 경제통화동맹의 목표를 포함한 회원국의 의무를 수행할 능력충족을 요구하고 있다. 여기에는 EU의 제 법규를 적용하고 관리할 수 있는 행정능력을 보유할 것도 포함되어 있다.

즉 각료이사회가 가입희망국이 가입할만한 자격이나 준비를 갖췄는지에 대해 집행위에 의견을 물으면 집행위는 코펜하겐 가입조건을 중심으로 상세한 의견을 제시하게 된다. 이런 조건의 신설과 함께 2004년 5월 1일 중·동부유럽(Central and Eastern European Countries : CEECs)의 확대(보통 동부권 확대, eastern enlargement라고 불린다)는 기존의 확대와 많은 점에서 차이점을 드러냈다.

우선 10개 회원국이라는 사상 최대 규모의 신규 가입 회원국수, 기존회원국과 이들의 경제적 격차가 남부확대보다 훨씬 더 컸다. 다음 도표에서 볼 수 있듯이 2005년 말을 기준으로 기존 회원국 가운데 제일 부유한 룩셈부르크의 1인당 GDP는 5만8900달러, 그러나 가장 가난한 라트비아는 겨우 1만1400달러에 불과하다. 가장 부유한 회원국과 최빈국 간의 차이가 거의 5.5배에 이른다. 또 키프로스와 몰타를 제외한 8개 회원국은 과거의 계획경제에서 시장경제로 전환하는 전환경제가 공통점이었다. 물론 1990년대 중반부터 EU는 이들의 회원국 가입을 돕기 위해 유럽협정(Europe Agreement)을 통해 경제적·정치적 지원을 제공했다. 많은 준비와 협상 끝에 이들 10개국이 회원국이 되었다. 또 신규 중·동부유럽 회원국은 기본적으로 친미정책을 외교정책의 기조로 실행하고 있다. 2003년 3월 미국 주도의 이라크 침공을 전후해 당시 EU회원국들은 영국 주도의 친미파와 프랑스, 독일 주도의 반미파로 분열되어 있었다. 중·동부 유럽의 신규회원국들은 모두 다 친미노선을 걸었다.

가입의 상황에 따른 이런 문제점 이외에 가입마다 공통적으로 제기되는 EU기구의 문제점이 있다. 회원국이 늘어나는데 집행위원회, 각료이사회, 유럽의회 등의 기구가 효율적이며 민주적으로 정책결정을 내릴 수 있을까 하는 점이다. 회원국들이 늘어날수록 각료이사회에 참석하는 장관들의 숫자가 늘어난다. 이럴 때 신규 회원국의 가중다수결 투표수와 어느 분야에 가중다수결을 도입하고 유럽의회는 어느 분야에 공동결정권한을 줄까라는 점이 확대에 따른 제도개혁의 핵심 논쟁이었다.

집행위원회도 회원국 확대에 따라 집행위원의 수가 많아 문제점으로 지적되었다. 예를 들면 20명이면 충분한 일을 현재 27명이 맡고 있다. 따라서 한 집행위원이 담당할 수 있는 일을 몇 명이 나누어 맡고 있다. 이럴 경우 제기되는 업무조정(coordination) 상의 어려움과 예산 낭비 등이 계속해서 문제점으로 지적되었다. 이런 문제점을 제거하기 위해 2014년부터 현재 27명인 집행위원의 수가 2/3인 18명으로 줄어든다.

EU 27개 회원국의 1인당 국내총생산(구매력평가기준, 2005년말 기준, EU 27개 회원국 평균 2만2600달러, 출처 : 유럽통계청, Eurostat, 기준 미달러)

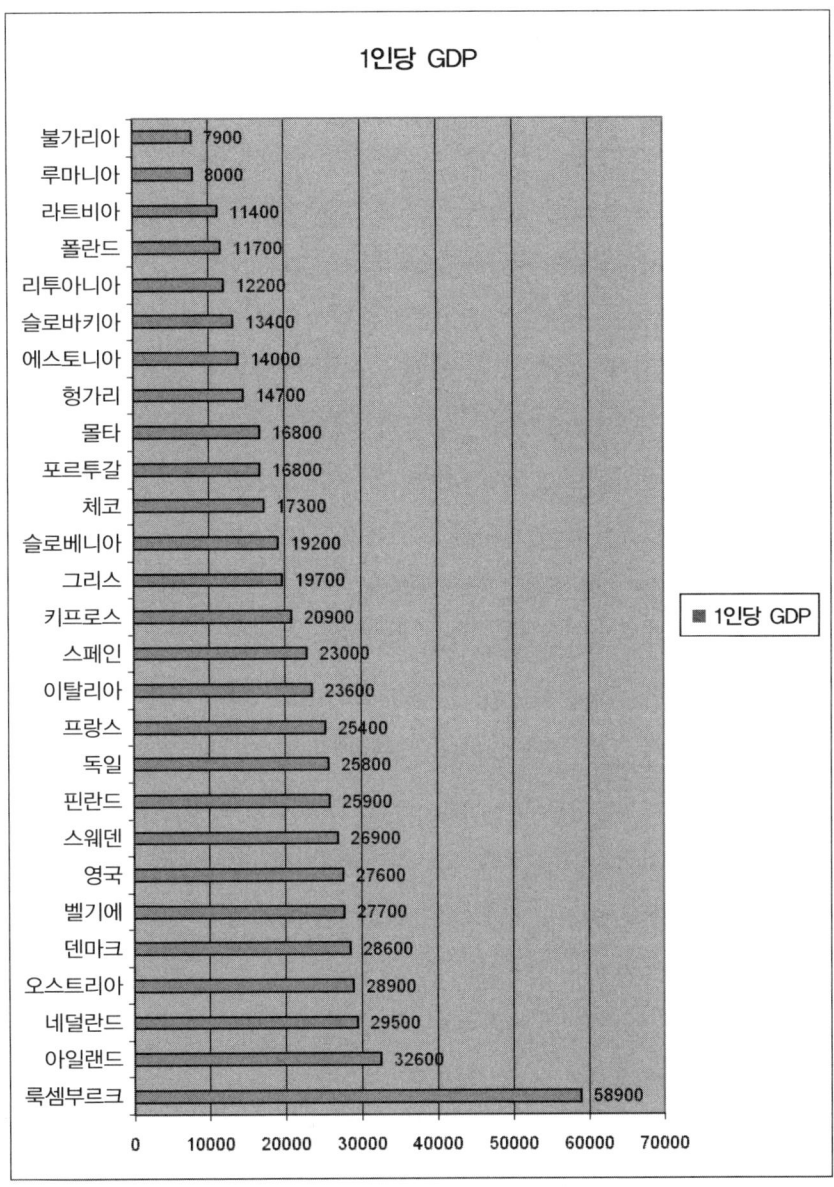

07_유럽연합의 확대는 어디까지 | 061

❸ 어디까지가 EU의 국경일까

사상 처음으로 10개 회원국을 동시에 받아들이고 2007년 1월 루마니아와 불가리아를 다시 품안에 들여 EU는 27개 회원국을 거느리고 있다. 앞으로 몇 년간 신규 회원국 가입은 없을 것으로 예상된다. 무엇보다도 2006년 12월 14일~16일 벨기에 브뤼셀에서 열린 유럽이사회에서 회원국들은 유럽연합의 확대를 논의할 때 흡수능력(absorption capacity)을 고려하기로 결정했다. 과연 EU가 더 많은 회원국들을 받아들여 정책결정이 제대로 되고 원만하게 기능할 수 있을까하는 문제를 제기했다. 27개 회원국으로 몸집을 확장한 상황에서 우선순위는 내실을 다지는 것(consolidation)이라고 대외적으로 선언했다.

2007년 말 EU와 가입협상을 벌이고 있는 나라는 터키와 크로아티아, 마케도니아(전유고연방의) 등 3개국이다. 이 가운데 터키의 가입은 가장 많은 시간이 걸릴 것으로 예상된다. 아무리 빨라야 10년이고 터키가 EU 회원이 될 수 있을지는 섣불리 장담하기도 어렵다.

이밖에 EU는 내전으로 얼룩졌던 서발칸반도에 있는 알바니아, 보스니아-헤그체고비나, 몬테네그로, 세르비아 등과 안정화와 준회원국정책(stabilization and association policy)을 실시하고 있다. 이들이 EU회원국 신청을 할 수 있도록 정치와 경제제도 등의 개혁을 지원해주며 많은 경제적 지원을 제공해준다. 물론 아직 이들 국가와 가입협상을 시작하지는 않았다.

EU는 또 러시아와 협력협정을 맺어 러시아의 경제적 발전을 지원해주고 있다. 러시아가 과연 서방국가인가는 아직도 정체성의 문제에서 논쟁의 대상이다. 그러나 러시아가 핵무기 보유국이고 EU회원국에 가스의 주요 공급원이며 폴란드나 체코 등과 그리 멀지 않은 곳에 있어 각종 범죄의 EU 회원국 내 확산이 우려된다. 따라서 EU 회원국들은 러시아의 정치·경제적 안정이 EU전체에 도움이 된다고 여기기 때문에 러시아를 지원해주고 있다. 물론 러시아가 EU에 가입을 신청할지 그리고 EU가 러시아 가입을 승인할 수 있을지는 너무나 요원한 이야기다(EU와 러시아와의 자세한 관계는 뒤에 나오는 EU와 주요국과의 관계를 참조).

❹ 터키는 EU에 가입할 수 있을까?

터키는 EU와 짝사랑을 시작한지 40년이 넘었다. 그러나 아직도 회원국이 될 수 있을지는 불확실하다. 유럽경제공동체(EEC) 회원국들은 1963년 터키와 준회원국협정(Association Agreement)을 체결했다. 이 협정은 터키의 군부독재시절 효력이 정지되었다가 터키가 민정으로 복귀한 1990년대 초 다시 가동되었다. 이런 경제적 협력의 진전으로 1996년 1월부터 EU와 터키는 관세동맹을 결성했다. 앞서 경제통합을 설명할 때 언급한 것처럼 터키의 농산물을 제외한 다른 상품은 아주 낮은 관세로 EU 회원국에 수출된다. 또 EU와 터키는 비회원국에 대해 공동대외관세를 시행하고 있다.

터키 정부는 1987년 4월 EEC 회원가입을 신청했으나 1989년 12월 집행위원회는 터키 가입에 부정적인 의견을 제시했다. 터키의 경제발전이나 정치발전 등이 만족스럽지 못했기 때문이다. 많은 우여곡절을 겪은 후 2004년 10월 집행위원회는 각료이사회에 터키와의 가입협상을 개시할 것을 권고했다. 2005년 12월 각료이사회는 터키와 가입협상을 개시하였다.

터키가입의 문제점을 정치적·경제적·역사적(사회적) 측면에서 생각해 볼 수 있다.

가장 큰 문제는 각료이사회에서 터키가 가장 많은 가중다수결 투표권을 보유할 것이라는 점, 이에 따른 세력균형의 변화이다. 즉 2007년 터키 인구는 약 7100만명이다. 그러나 터키는 이슬람국가이기 때문에 산아제한을 하지 않는다. 따라서 터키가 10년 후, 15년 후에 가입한다고 가정할 경우 EU회원국 중 최대의 인구대국이 된다. 현재 최대의 인구대국인 독일의 인구가 8200여만명이지만 저출산 때문에 독일 인구는 줄어들게 된다. 가중다수결은 인구수에 따라 투표권이 다르기 때문에 터키가 가장 많은 가중투표권을 보유하게 된다. 현재 독일, 영국, 프랑스, 이탈리아('빅4')는 29표의 가중투표권을 보유 중이다. 만약에 터키가 가입하면 최대의 가중투표권을 지닌 회원국이 된다. 기존 빅4는 터키보다 적은 가중투표권을 갖게 되어 각료이사회에서 세력균형이 변화하게 된다.

또 경제적으로도 터키는 EU 27개 회원국에 비해 가난하고 인구도 많다. 회교국가 중에서 가장 세속화되었다고 하지만 국민 대다수가 이슬람교도이다. 2006년 말 기준으로 1인당 GDP는 9100달러로 기존 회원국 가운데 루마니아와 불가리아보다 조금 높다. 그러나 국토 크기는 78만평방km로 독일보다 2배 정도 크고 많은 낙후지역이 포함되어 있다. 따라서 터키가 EU회원국이 될 때 낙후된 지역을 지원해주는 지역기금의 주요 수혜자가 될 것이다. EU는 기본적으로 소국에 부유한 국가가 회원국이 되는 것을 좋아한다. 부유한 회원국이면 EU예산에 많은 돈을 납부하고 EU예산으로부터 지원받는 돈은 상대적으로 적기 때문이다.

마지막으로 역사적·사회적 측면에서 터키가 '유럽'국가인가 하는 점이다. 현재 EU 27개 회원국은 기본적으로 그리스, 로마문화와 르네상스, 기독교를 공유하고 있다고 여기며 이를 유럽의 정체성으로 생각하고 있다. 반면에 터키는 근세에 유럽대륙을 자주 침략한 적군으로 유럽의 정체성 형성에 매우 중요한 역할을 수행한 이슬람 국가이다. 과연 이슬람 국가가 유럽에 가입해도 되는지 그리고 가입할 수 있을까? 물론 일부에서는 EU 27개 회원국이 공통의 정체성을 지니고 있다는 주장을 수사로 간주하기도 한다. 어쨌든 가입절차에서 설명했듯이 모든 기존 회원국들이 터키 가입을 승인해야 한다. 따라서 어느 한 기존회원국 의회나 국민투표에서 터키가입을 거부하면 터키는 회원국이 될 수 없다. 따라서 터키가 아무리 EU와 가입협상을 제대로 마무리해도 어느 한 회원국이 가입을 거부할 수 있으며 위에서 지적한 정치적, 경제적, 역사적 문제가 뒤얽혀 있기 때문에 터키 가입이 매우 불확실하다. EU의 확대에서 정치적, 경제적 문제뿐만 아니라 정체성의 문제도 관련이 있음을 알 수 있다.

터키의 EU가입여부에 대해서는 아직도 찬반논쟁이 진행 중이다. 가입을 지지하는 사람들이 터키가 유럽과 아시아를 연결하는 매우 중요한 지정학적 위치에 있는 나라로서 터키의 가입으로 유럽이 보다 안정될 것이라고 주장한다. 터키는 1952년부터 북대서양조약기구(NATO)의 회원국으로 냉전 당시 미국과 유럽의 안보 유지에 중요한 역할을 담당했다. 따라서 터키가 EU회원국이 되어 경제적으로 번창하면 이런 안정화 기능이 더 강화될 수 있다고 본다.

반대로 반대파들은 이슬람인들인 터키시민의 기존 회원국으로의 자유이동을 매우 염려하고 있다. 터키가 EU에 가입한 후 약 7년 정도의 과도기가 종료되면 터키시민들이 기존 회원국으로 자유롭게 이동할 수 있다. 독일이나 프랑스, 이탈리아 등 기존 회원국들은 정도의 차이는 있지만 이슬람을 신봉하는 시민들의 자국 내 거주가 늘면서 사회통합에 어려움을 겪고 있다. 따라서 터키인의 자유이동은 이런 문제를 더 악화시킬 수 있다는 것이다. 예컨대 200만 정도의 터키인들이 독일에 거주하고 있다. 1960년대 급속한 경제발전을 이룩하면서 노동력이 부족했기 때문에 외국인 노동자를 불러왔다. 터키가 EU에 가입하고 과도기가 지나면 많은 터키인들이 독일로 몰려올 가능성이 높다. 아직 요원한 이야기이지만 터키 가입을 둘러싸고 독일에서 많이 제기된 문제이다.

주요 회원국들의 유럽통합정책을 간략하게 설명해달라.

> 키워드 : 독일과 이탈리아, 프랑스, 영국, 베네룩스3국, 남부유럽과 아일랜드, 북부유럽, 중·동부 유럽 8, 영국과 미국의 '특별한 관계'
>
> 27개 회원국 가운데 인구와 국내총생산(GDP)을 기준으로 독일과 영국, 프랑스, 이탈리아가 주요 4개국('빅4')이다. 이들의 통합정책을 중심으로 베네룩스 3국과 중동부유럽의 유럽통합정책을 약술한다. 유럽통합정책 형성에 바탕이 됐던 각 국의 역사와 문화, 특히 2차대전 이후 각 국이 처한 상황을 기준으로 비교설명한다.

주요 4개 회원국의 경제규모와 인구, GDP 현황

회 원 국	국토면적(평방킬로미터)	인구(2006. 1. 1 기준)	GDP(2006년 말 기준)
독 일	35만7000	8천240만명	2조8750억달러
영 국	24만3800	6천40만명	2조3460억달러
프 랑 스	54만4000	6천290만명	2조1510억달러
이탈리아	29만5100	5천880만명	1조7850억달러

출처 : Eurostat, OECD

❶ 독일과 이탈리아 : 구세주로서의 유럽통합

독일은 2차대전 이후 서독과 동독으로 국토가 분단되었다. 호전적 민족주의 때문에 1, 2차대전을 일으킨 주범이라고 낙인찍혔다. 2차대전 후 독일을 점령한 미국은 철저한 3D정책(탈나치화, 민주화, 지방분권화)을 실시하였다. 국제사회에서 국가의 면모를 갖춘듯 했지만 전쟁의 업보 때문에 제대로 대접을 받지 못하고 체면이 영 말이 아니었다. 특히 베를린은 한 도시가 소련과 미국 등 전승 국가들의 지역으로 양분되었다. 미국과 영국, 프랑스 등 전후 독일을 점령했던 서방3개국이 독일, 그리고 베를린 전체에 대한 최종책임을 지니고 있었다. 이를 규정한 독일조약 때문에 서독은 주권행사에서 많은 제약을 받았다. 이런 상황에서 유럽통합은 서독에게 구세주 같은 존재였다. 즉 유럽통합에 적극 참여함으로써 신뢰할만한 국가임을 대외적으로 인정받았고 빼앗긴 주권도 조금씩 찾아올 수 있었다. 물론 1950년대 '라인강의 기적'을 바탕으로 한 급속한 경제발전도 서유럽 내 독일의 위상을 제고해주는 바탕이 되었다.

특히 1949년 건국 이후 1963년까지 14년간 서독 초대 총리를 지낸 콘라트 아데나워(Konrad Adenauer)는 외교정책의 기조를 서방편입(*Westbindung*)으로 정하고 이를 실천에 옮겼다. 과거 독일은 유럽중앙에 위치해 있다는 지정학적인 이점을 이용해 동부유럽과 서유럽의 다리역할을 하려고 하였다. 아데나워는 당시 야당이었던 사민당에서 제기된 중립국 통일방안이나 동서유럽을 연결하는 다리로서의 역할을 포기하고 자국이 서유럽, 나아가 미국중심의 서구에 속함을 분명히 했다. 아데나워는 1955년 자국을 나토에 가입시켰으며 아울러 유럽통합에 적극적인 역할을 함으로써 서유럽 내 자국의 위상을 한층 더 제고할 수 있었다. 그는 1965년 출간된 회고록(*Erinnerungen*)에서 "우리는 자유 유럽에 뿌리를 두어야 한다. 독일의 중립화는 문제 해결이 아니라 우리와 유럽, 그리고 전 세계에 정치적 위협의 증가와 심화를 의미한다"는 간결한 말로 그의 서방편입 정책을 설명했다.

특히 1950년대 말 야당인 사회민주당이 유럽통합에 반대해왔던 정책을 버리고 유럽통합정책을 수용함으로써 유럽통합에 대해 여야 정당 간 합의를 이룰 수 있었다. 이런 국내적 합의가 바탕이 되어 독일은 유럽통합에 매우 적극적인 역할을 수행할 수 있었다. 서독 혼자서 통합에 적극적인 역할을 할 경우 독일이 다시 일방주의 외교정책을 전개한다는 비난을 받을 것을 염려해 독일은 거의 대부분 프랑스와 함께 통합에 중요한 역할을 수행해왔다. 즉 프랑스와 함께 조약개정의 필요성을 제기했고 무슨 분야의 개정이 필요한가의 아젠더 설정 그리고 협상과정에서도 필수적인 역할을 했다.

물론 1990년 10월 통일이후 독일은 국토분단을 극복하고 완전한 주권을 회복했다. 따라서 유럽통합에 대해 통일 전과는 약간 다른 시각을 취할 때도 있었다. 그러나 기본적인 사항, 즉 아직도 유럽통합에 대한 정당간 합의가 존재하며 유럽통합에 적극적인 역할을 수행해야 한다는 점을 정치지도자들이 합의하고 있다는 점에서 유럽통합정책의 연속성을 유지하고 있다.

유럽통합사에서 영독관계를 중심으로 박사논문을 쓴 필자는 2004년 초 베를린에서 체류하며 독일 외교관들, 학자들과 인터뷰를 가졌다. 벨기에 브뤼셀 주재 독일상주대표(대사)를 지낸 한 은퇴외교관은 이런 말을 하며 통일 전과 통일 후 독일의 유럽통합정책을 비교했다. "아데나워 총리 등 서독의 건국자들은 유럽통합의 건설자(Bauer)였다. 그들에게 '유럽'은 생존의 문제였다. 그만큼 유럽이 절실히 필요했다. 1997년 총리가 된 게르하르트 슈뢰더(사회민주당)나 요시카 피셔 외무장관(녹색당)은 전후세대다. 그들은 이제 유럽통합의 관리자(Verwalter)이다. 건설자들이 이룩한 업적을 가다듬으며 관리한다. 따라서 전후세대들은 때때로 실용적인 입장을 취할 수 있다. 그러나 영국처럼 유럽통합에 소극적이거나 통합을 너무 도구화하지는 않을 것이다." 독일의 유럽통합 정책을 매우 적절하게 설명한 발언이라고 생각한다.

이탈리아도 2차대전 이후 독일과 처한 상황이 흡사했다. 파시즘이라는 업보를 벗고자 이탈리아는 유럽통합에 적극 참여했으며 지도층과 국민들 상당수가 유럽통합을 지지했다. 또 이탈리아는 프랑스와 독일이 유럽통합을 주도하는 것에 불만을 느끼고 때때로 베네룩스 3개국 혹은 영국과 동맹을 형성해 독일과 프랑스의 독주를 견제하곤 했다. 1990년대 중반 총리에 선출된 실비오 베를루스코니는 그의 전임자들과 달리 유럽통합을 국내정치 수단으로 적극 활용하며 비판했다. 그러나 이런 특정인을 제외하고 이탈리아의 유럽통합정책은 전반적으로 통합을 지지하는 편이다.

❷ 프랑스 : 위대한 프랑스를 실현하는 정책수단으로서 유럽

프랑스는 영국과 함께 유럽대륙에서 가장 오래된 민족국가임을 자랑스럽게 여겨왔다. 또 영국과 마찬가지로 아프리카와 아시아 등에 많은 식민지를 거느렸으며 세계문화를 주도해왔다는 강한 자부심도 가져왔다. 그러나 2차대전 이후 프랑스는 알제리와 베트남 등 각 식민지를 잃게 되었으며 식민지 관리와 독립이 순탄치 않아 골칫거리였다. 2차대전 이후 프랑스 지도층이 직면한 가장 큰 외교문제는 독일을 어떻게 제어할 수 있을까 하는 문제였다. 1차대전 이후 실시한 독일에 대한 강력한 보복정책이 실패했고 인구의 약 1/5이 독일이 일으킨 전쟁(1870~1871년의 프러시아-프랑스 전쟁, 1차대전, 2차대전) 때문에 피해를 입었다. 우리나라와 일본의 관계를 생각해보면 쉽게 이해가 될 것이다. 따라서 불구대천의 원수인 독일에게 선뜻 화해의 손을 내밀기가

쉽지 않았다. 이런 프랑스와 비교해 미국은 2차대전 이후 매우 현실적이지만 실리적인 입장에서 대독일 정책을 취했다. 소련과의 대치가 계속되는 상황에서 유럽의 중앙에 위치한 서독을 재무장시키지 않고는 소련의 위협에 대응할 수 없다고 여긴 것이다. 특히 1950년 한국전쟁이 발발한 후 미국은 서독의 재무장을 정책안으로 논의하기 시작하였다.

따라서 프랑스는 독일견제에 대한 수단으로 전쟁의 필수물자인 석탄과 철강을 공동관리하자는 계획(슈망선언)을 제시하게 된다. 이 계획이 채택되어 유럽석탄철강공동체가 출범했다. 무기를 만드는 철강, 그리고 주요 연료인 석탄을 공동으로 관리하며 독일이 함부로 이런 자원을 사용해 전쟁을 일으킴을 저지할 수 있다는 것. 패전국이지만 잠재적인 위협을 안고 있는 독일을 파트너로 인정함으로써 제어하는 정책이 이후 프랑스의 기본적인 유럽통합정책이다. 특히 2차대전 이후 식민지를 잃고 유럽의 한 국가로 전락한 프랑스에게 유럽통합은 하나의 세계전략이었다. 유럽통합에서 지도자 역할을 수행해야 그래도 국제무대에서 강대국임을 과시할 수 있었기 때문이다. 이런 측면에서 프랑스의 유럽통합정책은 대독일정책이라고 할 수 있다.

1958년부터 1969년까지 대통령을 지낸 드골은 1963년 1월 당시 서독의 아데나워 총리와 독불우호조약('엘리제조약')을 체결했다. 이 조약에 따라 두 나라 수반과 외무장관, 국방장관 등의 모임이 정례화되었고 청소년간의 교류도 시작되었다. 특히 주요 국제문제에 대해 사전논의함를 명시해 제도화함으로써 독불협력의 토대가 되었다. 유럽통합에서 독일과 프랑스의 역할을 흔히 '독불기축'(Franco-German Axis), '독불모터'(Franco-German Motor), '특혜동반자관계'(Privileged Partnership)

라는 부르는 것은 그만큼 두 나라의 관계가 밀접했고 통합사에서 중요한 역할을 수행해왔음을 보여준다. 독일의 수도 베를린 중심가에 아데나워재단이 있다. 이 재단 건물 앞에는 엘리제조약을 서명한 후 아데나워와 드골이 뜨겁게 포용하는 장면이 조각으로 새겨져 있다. 불구대천의 원수였던 두 나라가 화해하고 협력하겠다는 것을 보여주는 하나의 상징물이다.

왼쪽 사진은 서독의 아데나워 총리(왼쪽)와 프랑스의 드골 대통령이 엘리제조약을 체결한 후 포용하고 있는 사진이다. 그리고 오른쪽에 있는 사진은 독일 베를린 중심가 소재 아데나워 재단에 있는 부조. 드골대통령(왼쪽)과 아데나워 총리가 두 손을 맞잡았다. 두 나라의 화해를 상징하는 조각상이다. : 출처 – 콘라트 아데나워재단

두 나라의 관계는 따라서 이상이 아닌 냉철한 현실주의에 바탕을 두었다. 독일은 프랑스와 함께 통합에 중요한 역할을 수행해 주권도 회복했고 국제사회에 복귀했으며 국익을 증진할 수 있었다. 프랑스도 마찬가지로 독일의 경제력을 십분 활용하고 통합을 자국 이익 증진에 적극 이용

했다. 드골대통령은 언젠가 프랑스를 마부로, 독일을 말로 비유한 적이 있다. 마부인 프랑스가 독일이라는 말을 고삐로 휘어잡고 제어할 수 있다는 의미이다. 그러나 영국의 마가렛 대처총리(재직기간 1979~1990)는 결코 그렇지 않다고 주장했다. 즉 독일이 전쟁의 업보 때문에 겉으로 드러내놓지 않고 일방주의 외교정책을 취할 뿐이지 이미 통일 전에 서유럽에서 최대의 경제대국이 됐기 때문에 힘의 균형추가 독일로 기울었다고 말했다.

특히 독일통일 이후 대처의 이런 지적은 어느 정도 현실이 되었다. 인구면에서만 프랑스보다 약 2000만명이 더 많았고 통일의 후유증 때문에 경제적으로 곤란을 겪었지만 독일은 여전히 국내총생산(GDP)을 기준으로 EU 최대 경제대국이었다. 이러한 우려에도 불구하고 통일 이후 독일은 다자주의 외교주의 전통을 벗어나지 않았고 프랑스와 함께 공동으로 유럽통합 정책을 논의하고 보조를 맞추려고 노력해왔다.

물론 EU 회원국 확대에 따라 독불의 역할은 6개국이나 9개 회원국 때와는 상황이 다르다. 두 나라가 같은 입장을 취해도 다른 몇 개 나라와 공동입장을 취해야 가중다수결에서 거부권을 행사할 수 있기 때문이다. 또 동구권 확대로 이 지역과 관계가 밀접한 독일의 힘이 커졌기 때문에 프랑스는 최근 지중해연합(Mediterranean Union : MU, 지중해를 맞대고 있는 아프리카의 나라들과 협력관계 구축이 주내용임)이라는 새 구상으로 독일의 파워를 견제하려고 노력하고 있다.

❸ 영국 : '마지못한 회원국'으로서 유럽과 미국사이에서 갈등

영국도 프랑스와 마찬가지로 역사와 문화에 대한 자부심이 매우 강하다. 그러나 프랑스가 1951년의 유럽석탄철강공동체부터 원가맹국이었다면 영국은 1973년에야 유럽경제공동체 회원국이 되었다. 또 영국은 유럽통합에 마지못해 참여하고 있다는 인상을 주었고 실제로 유럽통합을 촉진하기보다 주로 통합을 저지하는 측면에서 정책을 취해왔다. 프랑스와 많은 공통점에도 불구하고 왜 그럴까?

우선 두 나라는 2차대전이라는 참화를 매우 다른 상황에서 겪었다. 자존심이 매우 강했던 프랑스는 수도 파리까지 점령당해 당시 드골을 비롯한 많은 프랑스 지도자들이 런던에서 망명생활을 했다. 반면에 영국은 1941년 12월 미국이 2차대전에 참전하기 전까지, 그리고 참전 이후에도 유럽대륙에서 독일군의 군화에 짓밟히지 않은 거의 유일한 국가였다. 또 미국과 함께 서방 주요 참전국의 하나로 전쟁에서 승리했다. 이와함께 전후 식민지 처리도 프랑스가 골머리를 앓았던 것과 비교해 비교적 순조로웠다.

따라서 영국은 프랑스보다 자신이 국제정치의 서열상에서 한 수 위라고 여겼고 미국과의 특별한 관계 때문에 유럽통합에 참여할 필요를 거의 느끼지 못했다. 독일이나 프랑스, 이탈리아, 베네룩스3개국 등 대륙에 있던 국가 지도자들이 호전적 민족주의에 염증을 느끼고 통합을 통해 민족주의를 제어할 필요성을 느꼈다면 영국 지도자들은 2차대전을 겪으면서 민족주의를 더 자랑스럽게 여기게 되었다.

1948년 당시 야당인 보수당의 당수였던 윈스턴 처칠은 이런 자부심과 상황을 표현하기 위해 '세 개의 교차하는 원'(Three Interlocking Circles)이라는 이미지를 사용했다. 즉 국제정치에서 영국이 미국(제1서클), 대영제국과 영연방(제2서클), 유럽(제3서클)이 교차하는 아주 독특한 곳에 위치해 있음을 강조했다. 이런 독특한 위치에서 영국이 매우 영향력 있는 파워임을 과시할 수 있기 때문에 어느 하나를 선택할 필요가 없다는 것이다. 처칠이 1951년 총리가 되면서 '세 개의 교차하는 원'은 영국 외교정책의 기조가 되었다.

그러나 이처럼 자부심이 강했던 영국이 1961년 유럽경제공동체 회원가입을 신청한 것은 경제적·정치적 이유 때문이었다. 당시 EEC를 중심으로 서유럽국가가 경제번영을 이뤄 국제정치경제상 세력이 커지자 이런 그룹에 가입해 자국의 쇠퇴하는 힘을 만회하자는 의도였다. 이미 1950년대말 독일이 영국경제를 앞질러 서유럽 최대의 경제강국이 되었다. 1950년대 EEC 6개 회원국의 연평균 경제성장률이 4%를 넘었지만 영국은 겨우 절반 정도에 불과했다. 하지만 프랑스의 드골대통령은 1963년과 1967년 두 번이나 영국의 EEC가입을 거부했다. 드골은 프랑스가 주도하는 '유럽의 유럽'을 이끌고자 했지만 영국이 가입하면 영국이 미국을 위한 '트로이 목마'가 되어 EEC 내에서 프랑스의 힘이 약화될 것을 우려했다. 이 때문에 영국은 드골이 정치일선에서 물러난 지 몇 년이 지난 1973년에야 EEC 회원국이 될 수 있었다. 프랑스의 독립과 자율성, 위대함을 최우선으로 여기는 드골주의(Gaullism) 전통은 드골 이후 집권한 프랑스 대통령이 좌익이건 우익이냐를 불문하고 추진한 외교정책기조가 되었다.

뒤늦게 EEC에 가입한데다 영국 주요 정당 내 유럽통합에 대한 합의가 부족해 영국은 통합과정에서 적극적인 역할을 수행할 수 없는 구조적인 문제점을 지니고 있다. 특히 유럽통합에 대해 정당 간 합의가 부족할 뿐만 아니라 같은 정당 내에서도 마찬가지이다. 또 독일처럼 연립정부가 게임의 룰이 아니라 소선구제 때문에 한 정당이 안정적으로 정부를 운영한다. 따라서 야당이었을 때 집권당의 유럽정책을 비판하던 정당도 집권당이 되면 자신이 비판하던 유럽정책을 취하곤 했다. 보수당과 노동당이 2개의 주요정당인데 두 정당 간, 그리고 두 정당 내에서 이런 특징을 보여왔다.

영국의 마지못한 유럽통합정책이 가장 대표적으로 드러난 곳이 사회정책과 단일화폐 채택을 아직도 거부하고 있다는 점이다(EU의 공동정책에서 스스로 탈퇴했기 때문에 선택적 탈퇴 - opt-out라고 불린다). 원래 EU 차원의 사회정책(근로시간과 근로조건 등을 다루고 있음)과 단일화폐 도입은 1993년 발효된 유럽연합조약에서 합의되었다. 그러나 영국은 EU가 근로자들의 건강과 인간다운 생활을 보장하려고 주당 근로시간을 강제할 경우 영국의 경쟁력이 저하될 수 있다며 이를 거부했다. 즉 근로자들이 상황에 맞게 근무하고 건강을 챙기면 되지 왜 국가 위의 국가인(보통 영국언론은 '초국가' - superstate라고 부름) '브뤼셀'(유럽연합)이 이런 정책을 강요하느냐는 논리이다. 마찬가지로 자랑스런 영국 파운드화를 버리고 단일화폐 유로화를 채택할 수 없다며 유로를 채택하지 않고 있다.

2003년 미국 주도의 이라크 침공에서 영국은 미국의 맹방으로 약 7천5백명 정도의 군을 파견했다. 당시 총리였던 토니 블레어는 결국 결정적인 순간에 EU 다른 회원국과 적극적으로 의견을 교환해 공동정책을 취하기보다 미국을 선택했다는 비판을 받았다. 즉 미국이냐 혹은 유럽이냐의 갈림길에서 다른 영국 역대 총리들이 그랬듯이 미국을 선택했다는 것이다. 블레어는 이런 비판을 다음과 같이 대응했다. "우리에게 중요한 것은 미국이냐 유럽이냐가 아니다. 우리는 미국과 유럽사이에서 다리와 같은 역할을 수행해왔다" 국익이 무엇인가를 냉철하게 따져 미국과 유럽사이에서 선택을 하면 된다는 것이다. 많은 학자들은 영국의 숙명은 유럽이라고 말한다. 그러나 아직도 감정상 같은 핏줄에 역사를 공유한 미국에 많은 애정을 느끼고 있다. 따라서 영국 지도층의 머리는 유럽을 향하고 있지만 가슴은 미국에 있다는 말이 있다.

❹ **베네룩스 3국**(벨기에, 네덜란드, 룩셈부르크) : **독일의 틈바귀에서**

이들 3개국은 독일, 프랑스와 국경을 맞대고 있다. 이런 지리적 인접성 때문에 역사적으로 두 나라와 밀접한 관계를 맺어왔다. 특히 3개국은 1, 2차대전 당시 독일에 점령당했으며 이런 뼈아픈 경험을 통해 2차대전 이후 평화를 유지하기 위한 수단으로서 통합에 매우 적극적으로 참여했다. 또 독일이나 프랑스 등의 강대국을 견제하기 위한 방편으로 초국가기구의 역할강화를 지지해왔다. 독일이나 프랑스, 이탈리아 등도 베네룩스 3국을 통합에 적극 가담시키기 위해 각료이사회에서 이들에게 더 많은 가중다수결 투표를 주었다. 1973년 영국과 덴마크, 아일랜드가 EEC에 가입한 후 인구비례에 따른 가중다수결 표수는 다음과 같았다. 독일과 프랑스, 이탈리아와 영국이 각각 10표씩, 벨기에, 네덜란드가 각각 5표, 덴마크와 아일랜드가 각각 2표, 룩셈부르크가 2표를 보유했다. 당시 서독의 인구는 약 6천2백만명, 벨기에의 인구는 1천만명 정도였다. 따라서 같은 비율로 가중다수결을 정했다면 벨기에의 표수가 5표가 아니라 훨씬 더 적어야 했다.

❺ **남부유럽**(스페인, 포르투갈, 그리스)**과 아일랜드 : EU예산의 가장 큰 수혜자**

남부유럽 3개국은 1980년대에, 아일랜드는 1973년도에 EEC 회원국이 되었다. 이들 4개국은 EEC에 가입할 때 기존 회원국과 비교해 아주 가난한 그룹에 속했다. 이에 따라 EEC 회원이 된 후 공동체의 지역정책을 통해 막대한 지원을 받았다. EU 예산에서 지역정책이나 결속기금(차후에 설명)의 증액 등을 강력하게 요구했으며 중·동부 유럽 확장 이전에 가장 많은 결속기금을 받는다는 의미에서 '결속4개국'(cohesion 4)이라고 불려왔다. 이 가운데 아일랜드의 경제성장은 눈부시다. 아일랜드의 1인당 GDP는 3만2천600달러로 룩셈부르크 다음으로 2번째로 높다. 아일랜드는 EEC 가입으로 막대한 지원을 받아 높은 경제성장률을 기록했고 과감한 규제개혁을 통해 많은 외자를 유치했다. 이처럼 높은 경제성장을 기록하고 있어 아일랜드는 '켈틱호랑이'(Celtic Tiger)라고 불린다. 호랑이처럼 힘차게 포효하고 발전하는 나라의 이미지를 풍기고 있다.

❻ 중·동부유럽

2003년 3월 미국 주도의 이라크 침공에서 중·동부 유럽 8개국은 미국을 지지했다. 이들은 1998년 북대서양조약기구(NATO)에 가입했으며 2004년 5월 1일 유럽연합에 가입했다. 기본적으로 친미 외교정책 기조를 유지하고 있다. 냉전시대 자신들을 공산독재에서 해방시켜주는데 미국의 역할이 크다고 인식하고 있다. 또 자신들의 정체성을 논의할 때 항상 소련 압제 하에서의 상황과 비교한다. 이런 측면에서 서독이 추진했던 동방정책은 중동부 유럽으로부터 많은 비판을 받았다. 기존 소련의 독재와 폴란드나 헝가리 등에서 실시된 공산독재정권을 인정하면서 자신들의 자유화 운동을 별로 지원해주지 않았다는 것. 물론 경제적·역사적으로 중동부유럽은 독일의 영향권이다. 필자는 2005년 여름 체코 프라하를 방문했다. 프라하 교외의 캠핑장에 머물렀는데 이곳에서 독일어 공중파와 위성TV를 마음대로 시청할 수 있었다. 또 관광안내나 쇼핑에서도 영어 못지않게 독일어가 어느 정도 통했다. 마찬가지로 프라하 시내에 많은 독일 브랜드와 가게 등을 볼 수 있었다.

경제적으로 독일의 지원을 받아왔지만 역사적인 측면에서 독일에 대해 호감과 반감을 동시에 지니고 있다. 지난 2007년 11월 총리에서 물러난 폴란드의 야로스라브 카진스키는 폴란드 국민이 지닌 반독일 감정을 국내 정치에서 적극 이용했다. 2차대전 때 독일 때문에 폴란드 인구가 많이 줄었다. 따라서 폴란드는 이중다수결(각료이사회 투표 시 인구와 회원국 수를 기준으로 인구의 65%, 회원국 55%를 넘어야 안건이 통과)에서 불리하기 때문에 특혜를 주어야 한다는 논리 등을 내세웠다.

❼ 북구유럽의 덴마크, 핀란드, 스웨덴

덴마크는 1973년에, 핀란드와 스웨덴은 1995년에 각각 EU 회원국이 되었다. EEC나 EU 가입이전에도 북구유럽은 3국이 참여하는 각종 위원회를 통해 환경이나 국경 등 직면한 문제를 함께 해결하여 왔다. 덴마크는 환경규제나 근로자 복지가 EU 회원국 가운데 높은 나라에 속한다. 따라서 1985년 단일유럽의정서 제정을 위한 협상을 벌일 때 덴마크는 공동체 차원의 이러한 규제가 최저 국가의 기준에 맞춰지지 않도록 많은 노력을 기울였다. 핀란드와 스웨덴이 가입한 이후 북구유럽 회원국들은 환경보호나 지식경제 추진을 위한 정책제안을 많이 제시했다.

덴마크 의회(Folketing)의 유럽통합정책 감독은 유명하다. 덴마크 의회는 여야의 선임 의원들로 구성된 유럽위원회가 있다. 브뤼셀에서 열리는 각료이사회에 참석하기 전 덴마크 장관은 이 유럽위원회에 참여해 의견을 경청해야 한다. 비록 유럽위원회가 장관에게 협상 지침을 주지는 않지만 각료이사회 안건에 대해 의견을 개진하고 분명한 의사표현을 한다. 따라서 덴마크 장관은 대개 각료이사회에서 의회의 의견을 무시하고 행동할 수가 없다.

참고 : 영국과 미국의 '특별한 관계'(special relationship)가 뭐길래

영국의 일부 지도층은 특별한 관계와 영국의 유럽통합 간에 배타적인 관계가 있다고 여겨왔다. 즉 특별한 관계 때문에 영국이 국제사회에서 국력에 비례하지 않게 더 힘을 행사할 수 있다. 따라서 지역블록인 유럽공동체/유럽연합에 가입할 필요가 없다. 설사 가입하더라도 미국과 유럽사이에서 줄타기를 잘해, 양자가 갈등을 겪고 있을 때에는 미국을 선택해야 한다는 시각이다. 이런 선택이 영국의 국익이라고 생각한다는 것이다.

미국과 영국간의 특별한 관계를 역사를 통해 살펴보자.

처칠과 루스벨트

일본의 진주만 공습이 발생한지 2주 후, 1941년 12월 말 당시 영국의 총리였던 윈스톤 처칠은 미국을 방문했다. 3주간 주로 백악관에서 머물며 처칠은 미국의 프랭클린 루스벨트 대통령과 2차대전을 승리로 이끌기 위한 두 나라간의 협력관계를 집중 논의하였다. 언젠가 루스벨트 대통령이 휠체어를 밀고 처칠이 머물고 있는 방에 들어갔더니 때마침 처칠이 목욕을 마치고 벌거벗은 채 욕실에서 나오고 있었다. 당황한 루스벨트는 곧바로 방에서 나오려고 했다. 그 때 처칠이 "영국의 총리는 미국 대통령에게 아무 것도 숨길 것이 없소이다"라고 말했다. 비록 처칠은 이 일화를 부인했지만 이 이야기는 두 나라간의 특별한 관계가 무엇인지, 그 일단을 보여준다(이 일화는 David Reynolds, "Special Relationship"? : America, Britain and the International Order Since the Second World War', *International Affairs*, 1985/1986, 62/1 : 1-20에서 인용함). 실제로 특별한 관계라는 용어를 만든 사람도 처칠이다(1946년 3월 5일 처칠은 미국 미주리주 풀턴(Fulton)시 웨스트민스터컬리지에서 유명한 '철의 장막' 연설을 했다. 이 자리에서 그는 소련의 위협에 대처하기 위해서는 영어를 사용하는 국민들의 형제적 제휴(fraternal association)가 필요하다며 이를 '특별한 관계'라고 불렀다. 이어 형제적 제휴의 실례로 군사 자문관들의 긴밀한 관계, 상호안보를 위해 현재의 군사시설을 계속해서 사용하는 것을 들었다). 그렇다면 미국과 영국간의 특별한 관계가 무엇인가? 실체가 있는가 아니면 쇠퇴하는 국가(영국)가 자신의 힘을 과시하기 위한 허구, 수사인가?

결론부터 말하면 두 나라간의 특별한 관계는 존속해 왔으며 국제체제의 변화 속에서 이를 살펴보아야 한다. 다른 나라와의 관계와 비교, 영국과 미국과의 관계는 특별한 무엇이 있지만 그 중요성은 점차 줄어들고 있다.

2차대전 이후의 특별한 관계

우선 두 나라의 역사적 관계를 보자. 영어를 모국어로 사용하고 있다. 또 영국의 청교도가 미국으로 이주하고 미국이 영국에서 독립하기 전까지 영국의 식민지였으며 이후에도 계속 문화와 역사를 일정부분 공유하고 있다. 영어를 모국어로 쓰는 나라는 뉴질랜드와 오스트레일리아 등 영연방에 속하는 여러 나라가 있지만 영국만이 유엔안전보장이사회 상임 이사국의 하나이다(P-5).

국제체제의 변화 속에서 두 나라간의 특별한 관계는 2차대전 이후부터 시작된다. 2차대전이 종결된 후 미국과 소련의 냉전체제가 형성되면서 미국은 전세계에서 소련의 팽창하는 세력에 대항하기 위해 영국의 도움이 절대적으로 필요했다. 전성기 때 세계의 1/3을 식민지로 거느렸던 영국은 싱가포르나 홍콩, 아프리카 등 세계 곳곳에 기지가 있었고 여기에 영국군이 주둔하고 있었다. 또 신생독립국가의 지식인 가운데 상당수가 영국에서 교육을 받고 신생국가의 군부나 정보당국도 영국군 그리고 영국 정보당국과도 교류를 하고 있어 미국은 영국의 이런 인적네트워크와 군대, 기지가 매우 필요했다. 1947년과 1948년 영국과 미국은 영-미협정(UKUSA Agreements)을 통해 전세계에서 신호정보(signal intelligence)를 나눠 수집하고 정보를 공유한다고 명문화했다. 또 1962년 미국이 영국에 폴라리스 핵미사일을 유리한 조건으로 제공하고 핵연료와 정보도 영국과 일정부분을 공유한다.

두 나라 국민간의 밀접한 교류도 계속되고 있다. 미국의 지식인들이 영국의 케임브리지나 옥스포드대학교 등에서 장학금으로 공부하는 경우가 흔하며 영국 학생들도 미국으로 교환학생으로 가는 경우가 많다. 또 각 정부기관이나 지방자치단체간의 자매결연도 많아 두 나라 각계각층이 인적네트워크를 형성하고 있다. 영국의 관가인 화이트홀(Whitehall)과 워싱턴의 관료들은 특정 사안에 대해 거의 습관적으로 비공식으로 논의한다. 1993~2001까지 미국의 42대 대통령이었던 클린턴은 1969~70년 옥스포드대학교에서 로즈 장학생(Rhodes Scholar, 로즈는 남아프리카공화국의 광산을 개발, 갑부가 된 영국인)으로 영국에서 공부했다. 1957년부터 1963년까지 영국총리를 지낸 보수당의 해롤드 맥밀런(Harold Macmillan) 총리는 영국을 그리스, 미국을 로마로 비유했다. 식민지를 오랫동안 운영한 경험이 많고 노련한 외교경험이 있는 영국이 국제무대에 초강대국으로 등장한 미국, 즉 로마처럼 거칠게 행동하는 미국을 잘 가르쳐 주어야 한다는 의미에서 였다. 맥밀런 총리는 2차대전 때 아이젠하워 장군의 절친한 친구였고 아이젠하워가 미국 대통령이 됐을 때 이 관계를 십분 활용, 특별한 관계를 유지했다. 또 1961년 미국 대통령에 취임한 젊은 케네디와도 친분을 계속 유지했다. 1979~1990까지 총리를 역임한 마가렛 대처는 로널드 레이건 대통령과 '이데올로기 동지'(ideological soulmate)라는 별칭으로 통했다. 소련에 대항하는 힘의 정책을 역설했다. 1986년 4월 미국이 가다피 리비아 대통령을 제거하기 위해 리비아를 공습했을 때에도 미국을 적극 지지했다. 1982년 4월부터 6월까지 영국이 아르헨티나와 포클랜드 전쟁을 벌일 때에도 미국이 제공한 병참과 정보가 영국 승리에 중요한 요소였다. 영국 본토에서 남미에 있는 포클랜드까지는 8천마일, 약 1만3천킬로미터가 떨어져 있다. 본토와 엄청난 거리에 따른 병참의 문제점과 아르헨티나 군의 움직임에 대한 정보확보가 이 전쟁의 관건이었다. 영국은 항공모함과 구축함 등을 주력으로 전투에 나섰다. 영국 항공모함 1척이 아르헨티나 공군의 미사일 공격을 받고 격침되었다. 이 때 미국은 4월말까지 공식적으로 중립을 지키면서 영국과 아르헨티나를 중재하려고 하면서도 영국에게 스팅어 미사일과 공대공미사일을 공급했다. 또 아르헨티나 공군과 해군의 움직임을 정확하게 포착, 영국에게 정보를 제공했다. 미국이 전쟁을 치르고 있는 우방국에 이 정도의 정보와 병참제공을 한 예는 이스라엘을 제외하고 없을 것이라고 당시 관련자들은 증언하고 있다.

그러나 이런 '특별한 관계'도 미국의 패권이 확립되고 전세계에 미국의 힘이 미치면서 시간이 지남에 따라 점차 약화되는 경향을 보여왔다. 또 영국은 특정사안에 대한 상시 협의 등을 조약으로 명문화할 것을 요구했지만 미국은 이런 배타적인 관계가 미국외교정책의 걸림돌로 작용할 것을 두려워 명문화를 거부했다.

이런 제약에도 불구하고 두 나라간의 '특별한 관계'가 존재한다는 것은 분명하다. 미국은 특정한 외교정책을 실시할 때 입안과정에서부터 영국의 의견을 청취한다. 물론 영국의 의견이 미국의 정책에 어느 정도 반영되고 실천되느냐 하는 것은 별도의 문제이지만 영국이외에 그 어느 나라도 이런 과정에 영국만큼 밀접하게 참여할 수 없다는 점에서 '특별한 관계'이다. 또 영국이 미국의 정책을 지지하고 국제사회에서 공동보조를 취하는 것이 당연히 여겨진다는 점은 역설적으로 '특별한 관계'가 존재함을 입증한다. 런던주재 미국의 중앙정보국 주재관은 영국의 합동정보위원회 모임에 정기적으로 참석, 정보를 얻는다. 과연 영국이 미국이외에 이처럼 정보를 제공하고 공유하는 나라는 더 있을까?

프랑스는 미국의 독주에 대해 항상 습관적으로 '노'라고 말해왔다. 반면 40여년 간의 분단상황에 처했던 독일은 미국에 상당부분 안보를 의존해 왔기 때문에 미국의 요구나 압력에 대해 취약할 수밖에 없었다. 이들 두 나라와 미국의 관계와 미국, 영국간의 관계를 비교해보면 미국과 영국간의 '특별한 관계'가 쉽게 이해가 간다.

물론 보는 관점에 따라서 이를 '특별한 관계'라기보다 영국은 미국의 주구'니, 미국의 '가신'이니 하는 식으로 비판하기도 한다. 영국 언론도 당시 블레어 총리가 부시 대통령을 너무나 적극 지지하다 보니 '블레어가 부시의 푸들(poodle)'이냐고 자주 비꼰다.

영국 외무부에 파견되어 영미 관계를 지켜본 독일의 한 외교관은 "미국과 영국간의 관계가 외부에서 생각했던 것보다 훨씬 더 밀접하다"는 말을 했다. 또 국제연합(UN)에서 오랫동안 활동했던 한국의 한 외교관은 "영미가 세계를 지배한다"고 표현했다. UN 안전보장이사회의 상임이사국은 미국, 영국, 프랑스, 러시아, 중국이다. 이 가운데 러시아는 냉전체제의 붕괴 이후 그 세력이 많이 쇠퇴하고 있다. 중국만이 점차 미국의 독주를 견제하고 있는 상황이다. 미국은 껄끄러운 문제의 경우 안보리에서 영국이 발의하도록 하는 등 영국에게 주도권을 양보하는 척을 자주 한다. 물론 사전에 밀접한 조율을 통해 미국과 영국이 원하는 결과를 얻는다.

냉전붕괴 이후의 '특별한 관계'

그렇다면 냉전이 붕괴된 1990년 이후에도 '특별한 관계'는 계속되고 있는가?

90년대 초기 한 정치학자는 냉전붕괴이후 미국이 주도하는 신세계질서(New World Order) 속에서 영국의 역할은 미비할 것으로 내다봤다. 미국이 유일한 초강대국이지만 제국이 너무 비대하고 군사력에 과도한 예산을 쓰기 때문에(imperial overstretch) 점차 쇠퇴할 것이다(강대국의 흥망을 쓴 역사학자 폴 케네디의 주장과도 상통한다). 또 경제문제가 주요 의제로 등장하고 있는 상황에서 미국은 국제경제체제를 이끌어 가는데 영국보다 경제대국인 독일이나 일본과 더 협력을 강화할 것이다. 2005년이 되면 미국민의 1/3이 백인이 아닐 것이라는 인종구성의 변화와 대서양 지역에서 태평양 지역으로 변화하고 있는 미국 내 지역간 역학관계의 변화도 두 나라간의 특별한 관계가 쇠퇴하리라고 보는 이유였다. 즉 대서양 지역은 전통적인 앵글로 색슨 엘리트가 많은 지역이었고 이들은 영국과 역사적, 문화적인 친밀감을 느꼈다. 그러나 아시아 인종 등 다민족 사회가 많은 캘리포니아 등 태평양 지역의 엘리트는 그렇지 않으리라고 예상된다는 분석이다.

이와 비슷한 맥락에서 미국이 독일과 일본을 신국제질서 형성에 적극 관여시켜야 한다는 의견도 제시되었다. 미국은 1970년대 데탕트를 조성하는데 소련과 중국을 대상으로 이른바 '3각외교'(triangular diplomacy)를 전개했다. 이제 냉전붕괴 이후 독일과 일본을 포함, 이른바 '빅쓰리'가 국제질서 형성을 주도해야 한다는 것이다. 1992년 미국 국무부는 미국의 동맹국 우선순위를 매겼는데 1위가 독일이었고 영국은 5위를 차지했다. 통일이후 독일은 유럽에서 제일의 경제대국이고 유럽통합에서 중추적인 역할을 수행한다. 따라서 미국이 독일의 가장 우선해야 할 동맹국으로 보는 것도 당연했다.

그러나 이라크 침략전쟁에서 보듯이 위기 때마다 영국은 미국과 함께 했다. 의료보험과 교육에 투자할 돈이 부족한 상황에서 왜 이라크를 침략, 엄청난 돈을 쓰는 것이 영국의 국익인지 의아해하는 사람이 많다. 그러나 영국 지도층에게 국가위신과 무력의 사용은 경제문제와 분리된, 즉 차원이 다른 문제이다. 국내정책에서 다소 차질이 있다해도 국가위신을 유지하고 이를 위해 무력을 사용하는 것이 국익이라고 여기는 것이다. 물론 이것이 국익인지 혹은 자신의 이름을 역사에 남기기 위한 사익인지는 역사가 판단할 일이다.

따라서 정권이 교체되더라도 영국 지도층의 이런 시각은 쉽사리 바뀌지 않고 있다. 물론 지도자별로 이런 관계를 표현하는 양식에는 차이가 있을 수 있다.

(이 글은 영국 런던에서 발행되는 동포신문인 유로저널에 2005년 11월 8일에 필자가 기고한 것을 수정·보완하였다.)

유럽헌법 혹은 유럽헌법조약이라는 말을 많이 들었다. 유럽헌법조약과 리스본조약(개혁조약)을 설명해달라. 이전의 조약과 무엇이 다르고 유럽통합사에서 무슨 의미를 지니는가?

> 2005년 5월과 6월 프랑스와 네덜란드 국민이 국민투표에서 유럽헌법조약을 거부했기 때문에 조약이 발효되지 않았다. 그리고 이를 수정한 것이 리스본조약(개혁조약)이다. 비록 유럽헌법조약은 발효되지 않았지만 조약의 상당수가 개혁조약에 수용됐기 때문에 상세한 분석이 필요하다.
> 우선 유럽헌법조약과 리스본 조약 체결에 이르는 과정을 간단하게 연표로 정리한 후 이를 항목별로 분석한다.

유럽헌법 일지

- 2001. 12. 14~15 벨기에 라켄(Laeken)에서 열린 유럽이사회에서 시민에게 친근한 EU, 중·동부유럽국가의 회원가입이후 EU의 효과적 운영, 신세계 질서에서 EU의 역할을 논의하기 위해 유럽미래회의(European Convention on the Future of Europe) 구성에 합의. 유럽미래회의는 가입협상 중이던 중·동부유럽 8개국과 키프로스, 몰타 대표와 기존 15개 회원국 대표, EU집행위원회, 유럽의회 대표 등 모두 1백5여명이 참여함. 전 프랑스의 대통령 발레리 지스카르 데스탱이 의장을 맡음.
- 2002. 2월 : 유럽미래회의(이하 미래회의) 업무시작
- 2003. 6. 13 : 미래회의, 그리스 데살로니카에서 열린 유럽이사회에 유럽헌법초안을 제출

- 2003. 10월 : 정부간회의(IGC) 출범(제출된 헌법초안을 놓고 회원국들이 협상을 벌임)
- 2003년 12월 EU헌법조약(Treaty Establishing a Constitution for Europe) 제출
- 2004년 6월 EU정상회담에서 EU헌법조약 최종 승인(이후 문안조정 작업)
- 2004년 10월 로마에서 최종 서명
- 2005년 1월 유럽의회 74% 지지로 승인
- 2005년 1월 회원국 차원의 비준작업 착수(2006년 11월을 비준시한으로 설정)
- 2005년 5월 프랑스(5.29)와 네덜란드(6.1) 비준 거부(비준 거부 이전에 15개국은 비준 완료)
- 2005년 6월 '성찰기간(reflection period)' 설정(비준작업 사실상 중단)
- 2007년 1월 각료이사회 의장국인 독일 주도로 니스조약 개정작업 재개
- 2007년 3월 베를린선언 채택(2009년 유럽의회 선거 이전에 개정작업 완료 천명)
- 2007년 6월 브뤼셀에서 열린 EU정상회담에서 EU헌법조약 대신 개혁조약(Reform Treaty)을 채택하기로 합의. 이어 회원국 대표들이 참여하는 정부간회의 열림.
- 2007. 10. 18~19일 개최된 비공식 정상회의에서 개혁조약에 합의
- 2007. 12. 13~14일 리스본 정상회담에서 개혁조약을 '리스본조약(Lisbon Treaty)'으로 명명하고 최종 승인(2007년 하반기 유럽이사회 순회 의장국은 포르투갈이다. 수도 리스본에서 서명되어 이렇게 불린다).

❶ 헌법조약의 필요성

우선 앞에서 설명했듯이 조약은 유럽연합의 큰 틀을 규정하는 최고법 역할을 한다. 유럽연합 기구의 권한과 정책 등을 설명하며 유럽연합의 기구와 정책을 규정하고 있다. 예컨대 1987년 발효된 단일유럽의정서(SEA)는 1957년의 로마조약을 개정했다. 또 1993년 발효된 유럽연합조약(TEU)도 SEA와 로마조약을 재개정했다.

유럽헌법조약의 정식명칭은 유럽헌법설립조약(Treaty Establishing A Constitution for Europe)이며 보통 '유럽헌법'으로 불렸다. 즉 또 하나의 조약이지만 이전 조약과 다른 점은 기존의 EU조약들을 폐기하고 정부간회의에서 논의되고 합의된 내용을 추가한 새로운 창설조약이다. 이에 따라 유럽헌법조약이 발효되었다면 이전의 조약들 - 로마조약, 단일유럽의정서, 유럽연합조약 - 은 폐기될 예정이었다.

유럽연합의 연방국가화 혹은 통합의 진전을 그리 바라지 않는 회원국들은 이런 명칭부터 싫어했다. 유럽연합이 국가가 아닌데 무슨 헌법을 제정할 수 있느냐하는 논리이다. 영국 등 몇몇 회원국들은 되도록이면 통합의 진전을 바라지 않았기 때문에 이런 논리를 제기하였다.

그럼에도 불구하고 우선 유럽헌법조약의 필요성이 논의된 것은 사상 최대 규모의 중·동부 유럽 10개국(키프로스와 몰타 포함)의 가입협상이 진행되던 시점임을 주목할 필요가 있다. 과연 이처럼 많은 회원국을 일시에 받아들여 유럽연합이 제대로 기능을 할 수 있을까 하는 우려가 많이 제기되었다. 집행위원회나 각료이사회 등의 기구는 원래 유럽경제공동체 창설시 원가맹국이던 6개국에 맞게 설계되었다. 이후 회원국이 늘어나면서 조금씩 기구의 의사결정체계 등을 손질했지만 동구권 확대로 더 큰 도전에 직면했다. 예컨대 각료이사회에서 27개 장관들이

2분씩만 이야기해도 거의 1시간이 지난다. 어떻게 하면 의사결정의 효율성과 함께 민주성을 제고할 수 있을 까 하는 점이 관건이었다.

또 유럽통합의 진전으로 유럽연합 차원에서 많은 정책이 결정됨에 따라 시민들에게 EU를 제대로 알릴 필요성이 점점 더 커졌다. 몇몇 회원국들은 잘되면 자기 탓 안 되면 유럽연합 탓으로 돌려 마치 유럽연합이 모든 정책실패의 이유인 듯한 논리를 많이 제기했다. 이런 오해를 풀고 EU의 정책이나 기구를 회원국 시민들에게 제대로 알리자는 것. 시민들에게 EU의 본 모습을 제대로 알리자는 움직임은 1992년 서명된 유럽연합조약이 그 해 6월 덴마크에서 실시된 국민투표에서 거부되면서 본격적으로 제기되었다. 이밖에 21세기에 EU의 국제적 역할을 정의하고 재정립해보자는 의도도 있었다. 이런 이유로 2001년 12월 벨기에의 라켄에 모인 각 회원국 수반들은 유럽미래회의라는 모임을 조직해 이 회의 대표들에게 이런 문제들을 논의해 보고서를 제출해달라고 주문하였다.

❷ 유럽미래회의는 제헌의회가 아니다.

보통 한 국가에서 헌법제정은 혁명이나 쿠데타 등의 큰 정치적 사건 이후에 가능하다. 이런 관점에서 본다면 유럽연합은 국가도 아니고 더구나 이런 격변도 거치지 않았다. 다만 위에서 설명한 3가지 필요성을 갖고 기존 회원국과 가입협상중인 가입 후보국, 유럽연합 기구의 대표들이 모여 1년이 넘는 토론 끝에 유럽헌법조약이라는 초안을 제출했다. 로마조약이나 유럽연합조약 등의 기존의 조약은 회원국 정부대표들이 모여 협상하는 정부간회의를 거쳐 유럽이사회에서 최종 채택이 되었다. 반면에 유럽미래회의는 회원국이 대표를 보냈지만 일부는 정부관리가 아닌 사람들도 있었다. 또 정부간회의에는 회원국 대표만 참여하지만 유럽미래회의에는 집행위원회와 유럽의회의 대표도 참가해 참가범위와 성격이 이전과 달랐다. 보다 시민에게 친근한 EU를 만들기 위해 각계 각층의 의견을 수렴하려는 의도였다. 대외적인 대표성도 높이기 위해 1974년부터 1982년까지 프랑스 대통령을 역임하며 유럽경제공동체 발전을 이끌었던 발레리 지스카르 데스탱을 의장으로 선임했다. 각 회원국과 유럽연합 기구의 의견을 취합했다고 볼 수 있는 유럽미래회의가 제출한 유럽헌법조약 초안을 놓고 정부간회의가 열려 회원국들이 입장을 조율해 결국 유럽헌법조약이 서명되기에 이르렀다.

❸ 유럽헌법조약의 특징

헌법조약은 조약의 하나이지만 헌법적 성격을 지닌다. 서론에 유럽통합의 의의와 그 동안의 성과 등을 언급한 후 헌법과 유사하게 각 기구의 권한, 정책결정과정 등을 언급했다. 250페이지가 넘는 매우 방대한 문서다. 시민들이 쉽게 이해할 수 있도록 로마조약이나 유럽연합조약에 산발적으로 흩어져 규정되어 있던 기구의 권한과 정책과정을 한 곳에 모아 규정했으며 이 과정에서 유럽연합 기구의 권한도 확대되었다. 유럽이사회 상임의장(유럽연합 대통령)과 유럽연합 외무장관 등의 직책도 신설됐으며 더 많은 정책분야를 공동결정에 포함시켜 유럽의회의 권한도 커졌다. 이중다수결 제도의 채택과 집행위원수의 축소, EU가 조약을 체결할 수 있는 법인(legal person)자격도 부여한다고 규정했다 (이전의 유럽연합조약에서는 제1기둥인 유럽공동체만 법인이었기 때문에 조약을 체결할 수 있었다).

● 유럽이사회 상임의장

유럽이사회는 회원국 수반들의 모임이다. 이 모임에는 집행위원회 위원장과 공동외교안보정책고위대표도 참가한다. 회원국들이 6개월마다 돌아가며 순회의장직(각료이사회도 마찬가지)을 맡았다. 이 때문에 업무 연속성의 부족과 국제적인 대표성 부족, 혹은 혼동의 우려가 있었다. 소국이 유럽이사회 의장을 맡을 경우 국제사회에서 유럽연합 대표를 잘 모를 수도 있고(낮은 인지도와 대표성 부족) 6개월마다 교체되기 때문에 혼동의 우려도 있었다. 이런 문제점을 보완하고자 설립한 것이 상임의장(Permanent President of the European Council)이다. 임기 2년 반이며 한차례 연임이 가능하기 때문에 최장 5년간 근무가 가능하다. 이 사회에 참석하는 회원국 수반들이 가중다수결에 의해 상임의장을 선출한다.

유럽이사회를 주재하고 EU를 대외적으로 대표한다. 유럽이사회 내에서 원만한 의사소통을 통해 합의를 이끌어내려고 노력한다. 상임의장의 취임으로 유럽이사회 순회의장직은 폐지된다.

● 유럽연합 외무장관(Union Minister of Foreign Affairs : UMFA)

집행위원회에는 대외관계담당 집행위원이 있다. 집행위원회의 배타적 권한인 경제와 통상분야에서 주로 비회원국과의 관계를 담당하고 있다. 반면에 공동외교안보정책 고위대표는 회원국과의 합의를 바탕으로 외교와 안보가운데 제한된 분야에서 EU를 대표한다. 이처럼 중요한 대외관계의 두 측면인 돈과 외교안보가 분리되어 있었다. 회원국들이 경제분야의 권한을 비록 집행위원회에게 이양했지만 외교와 안보분야에서는 국가주권에 집착하기 때문이다. 문제는 밀접한 관계에 있는 분야를 나누어 관장함으로써 업무조정이 쉽지 않았고 업무의 일관성도 떨어졌다는 점이다.

유럽연합 외무장관은 이 두 가지 직책을 겸임한다. 집행위원회 부위원장이자 유럽연합 외무장관으로서 대외관계 각료이사회를 주재하며 외교안보분야의 정책을 수립·집행하고 외교안보문제에 대해 EU를 대표한다. 유럽이사회가 가중다수결로 집행위원장의 동의를 얻어 UMFA를 임명한다. 문제점으로 지적되어온 대외관계 분야를 통합함으로써 업무 효율성을 제고할 수 있고 EU의 대표성도 강화할 수 있다.

● 공동결정의 확대로 유럽의회 권한확대

상당수의 정책결정과정을 공동결정에 포함시켜 유럽의회의 권한이 커졌다. 그 대신 논란이 많은 정책의 경우 각료이사회와 유럽의회 간의 밀고 당기는 과정이 길어지면서 법안을 만드는데 몇 년이 걸릴 가능성이 높아졌다.

● 이중다수결 도입과 만장일치제 적용 정책분야 축소, 집행위원 수의 축소, 유럽연합에 법인격 부여

각료이사회 표결은 단순다수결과 가중다수결 두 가지가 있다. 가중다수결은 인구가 많은 회원국일수록 더 많은 투표권을 보유하고 있다. 이중다수결(Double Majority Voting)은 각료이사회에서 법안이나 결정이 통과되기 위해서는 회원국 55%의 찬성(27개 회원국 기준으로 15개 회원국)과 회원국 전체 인구의 65% 찬성이 있어야 한다는 규정이다. 소국이

힘을 합해 회원국 수를 기준으로 55%가 넘었다 하더라도 전체 인구의 65%를 넘지 못하면 법안을 통과시킬 수 없다. 이전의 가중다수결은 인구가 많은 나라에 비해 소국에게 더 많은 투표권을 주었음을 설명했다. 이런 문제점을 조정하기 위해 이중다수결을 도입했다.

아울러 조세와 외교안보, 국방 등 특정 분야를 제외하고 회원국이 거부권을 행사할 수 있는 분야를 줄였다. 즉 가중다수결 표결방식을 40개 정도의 분야에 확대 적용했기 때문에 회원국들은 결과적으로 이 분야에서 주권을 잃게 되었다.

집행위원 수의 축소는 앞에서 일부 설명했다. 회원국 수대로 있는 집행위원이 너무 많아 비용도 많이 들어가고 위인설관식이다. 사람을 너무 많이 뽑아 이들을 위해 자리를 만든 셈이다. 이런 폐해를 줄이기 위해 집행위원 수 축소에 합의했다. 유럽연합은 기존 체제에서 법인이 아니었다. 유럽공동체만이(경제와 통상분야에 국한. 제1기둥) 국제법상에서 법인으로 인정을 받아 다른 국가들, 그리고 국제기구와 조약을 체결할 수 있었다. 그러나 헌법조약은 유럽연합에 법인격을 부여해 조약체결을 가능하게 했다.

❹ 리스본조약과 헌법조약의 차이점

2005년 프랑스와 네덜란드 국민이 국민투표에서 유럽헌법조약을 거부했기 때문에 유럽헌법조약은 사장될 운명에 처했다. 결국 2년간의 성찰기간을 통해 회원국들은 헌법조약이라는 명칭을 없애고 창설조약이 아닌 기존의 조약을 개정하는 개혁조약을 채택하기에 이르렀다.

헌법조약에 규정됐던 EU국가와 국기 등을 없앴다. 이런 규정을 싫어하는 일부 회원국들의 요구를 들어주고 각 회원국에서의 국회 비준을 용이하게 하기 위해서이다.

2008년에 27개 회원국의 비준을 받아 2009년 상반기에 발효를 목표로 하고 있다. 2009년 6월 유럽의회 선거가 있기 때문에 새 의회가 구성되기 전에 개혁조약이 효력을 발하는 것이 여러모로 좋기 때문이다.

리스본조약은 위에서 설명한 유럽헌법조약과 비교해 내용에서는 그리 큰 변화가 없었다. 유럽이사회 상임의장직이 그대로 유지되고 유럽연합 외무장관은 명칭이 외교안보정책 고위대표(High Representative of the Union for Foreign and Security Policy)로 바뀌었다. 역할과 임무는 변하지 않았다. 이중다수결 제도는 2014년부터 시행되며 집행위원 수의 축소 시행시기도 마찬가지이다. 유럽연합의 법인격 부여도 유지되었다.

신설된 것은 유럽의회 의원수 규모를 750명으로 제한한 항목이다. 그동안 유럽의회 의원수는 신규 회원국이 늘어나면서 계속 증가해왔으나 상한선을 750명으로 규정했다. 인구가 가장 많은 독일은 최다인 96명의 유럽의회 의원을 선출한다.

또 회원국 의회가 통합과정에 관여할 수 있는 역할을 늘렸다. 집행위원회가 제안하는 법안이나 정책이 보조성원칙(subsidiarity)에 위배되는지를 심사해 위배된다고 판단되면 시정을 요구할 수 있다. 보조성원칙은 유럽연합 기구가 배타적인 권한을 보유하지 않은 정책분야의 경우 정책에 개입하려면 EU 차원의 정책이 효과적임을 증명해야 한다는 것이다. 통합이 진전되면서 EU 기구가 정책이나 법안을 제안하면서 은근슬쩍 초국가적인 방향으로 통합을 이끌었다. 이에 따라 일부 회원국들은 이 원칙을 EU운영의 대 원칙으로서 조약에 삽입할 것을 강력하게 요구했다. 1987년 단일유럽의정서에 간략하게 언급된 후 1992년 유럽연합조약에서 상세하게 규정되었다.

❺ 리스본조약의 비준과정

유럽헌법조약이 프랑스와 네덜란드의 국민투표에서 거부되었기 때문에 국민투표가 필요없는 개혁조약으로 이름을 바꾸고 내용도 일부 변화되었다. 2008년 한 해 동안 27개 회원국이 리스본조약을 차례로 비준할 것으로 예상된다. 아일랜드는 헌법절차에 따라 반드시 국민투표를 거쳐야 한다. 2001년 서명된 니스조약도 아일랜드에서는 국민투표를 통해 비준이 되었다.

다른 회원국에서도 비준과정이 그리 순탄치는 않을 전망이다. 체코나 덴마크, 폴란드의 경우 리스본조약의 비준으로 자국 헌법개정이 필요하다면 비준에 의회의 2/3 찬성이 필요하다. 각 국 여당이 국회에서 점유한 의석수도 다르고 야당의 반대를 위한 반대 혹은 이유있는 반대가 있을 것으로 예상되기 때문이다.

영국의 비준과정도 그리 순탄치 않을 것으로 보인다. 고든 브라운 총리(노동당)는 의회 비준만 필요하다는 입장이다. 그러나 야당인 보수당은 개혁조약으로 유럽통합이 진전됐고 많은 분야에서 국가주권을 상실했기 때문에 국민투표를 실시해야 한다며 이를 정치쟁점으로 만들고 있다. 원래 고든 브라운 총리의 전임자 토니 블레어는 유럽헌법조약을 국민투표에 회부하겠다고 선언한 바 있다. 야당이 개혁조약의 국민투표 회부를 요구하는 것도 전임자의 약속과 함께 개혁조약이 이름만 바뀌었지 내용은 그리 많이 변하지 않았다는 점을 잘 알고 있기 때문이다. 또 2007년 7월말 총리에 취임한 고든 브라운은 몇 달간 지지율이 높았지만 현재 지지율은 야당의 보수당보다 10%정도 낮다.

이처럼 고든 브라운 총리가 국내정치에서도 곤궁에 처해 있기 때문에 개혁조약 비준이 쉽지는 않을 전망이다.

❻ 통합과정에서 헌법조약과 리스본조약의 의미

헌법조약이나 리스본조약 모두 유럽연합 기구의 권한을 강화한 측면이 많다. 회원국의 거부권 행사분야를 줄였고 공동결정 과정을 확대했으며 외교안보 분야의 직책도 하나로 통합했다. 반면에 회원국 의회가 보충성 원칙을 심사할 수 있는 권한을 보유하게 되었다. 따라서 헌법조약이나 리스본 조약 모두 초국가적인 방향의 통합을 촉진하면서도 어느 정도는 정부간주의적 방향의 통합(회원국 정부들이 몇몇 분야에서 아직도 거부권을 행사한다는 측면에서 아직도 회원국이 통합에서 중요한 역할을 수행하고 있음)도 추진한다는 점에서 양 시각이 균형을 이루고 있다고 봐야 한다.

회원국과 가입협상국의 각 계 각층, 그리고 유럽연합 기구의 대표들이 참여한 유럽미래회의는 통합사에서 이런 예가 거의 없었다는 점에서 의미를 지닌다. 제한적 범위지만 제헌의회와 유사하게 회원국 시민들의 다양한 의견을 반영하려고 노력했기 때문이다.

10

유럽연합 예산이 유엔 등 다른 국제기구의 예산과 다른 것 같다. 다른 점이 무엇이고 구체적으로 무슨 정책분야에 얼마나 예산을 지출하는가?

> 키워드 : 자체재원, 농업부과금, 관세, 부가가치세, GDP 분담금, 재정전망
>
> 유럽연합 예산은 '자체재원'(own resources)이라고 불린다. 통합과정에 따라 예산의 운영과 성격이 점차 변화했다. 이를 항목별로 분석한다.

❶ 왜 자체재원인가?

유엔 같은 국제기구는 예산의 대부분이 회원국들의 분담금(contribution)으로 충당된다. 예를 들면 미국은 세계 최대의 경제대국으로 가장 많은 예산을 납부하는데 1990년대 유엔 예산을 몇 년간 지불하지 않았다. 이 때문에 유엔은 운영에 어려움을 겪기도 했다. 유엔이 막강한 국제기구 같지만 예산을 회원국에 의존하기 때문에 운영상 한계에 직면하기도 했다. 미국이나 몇몇 나라들은 예산 납부를 유엔의 개혁과 연계시키기도 했다.

EEC도 초기에 회원국의 국내총생산(GDP)에 비례하는 분담금으로 예산을 충당해 운영을 했다. 그러다가 1970년 초 자체재원에 관한 합의를 이루어냈다. 1968년 당시 6개 회원국들이 관세동맹을 형성했기 때문에 비회원국으로부터 수입되는 농산물에 부과되는 부과금, 비회원국으로부터 수입되는 공산품에 부과되는 관세를 EEC예산으로 사용하기 시작했다. 비회원국에 대해 공동대외관세를 매기는 것이 관세동맹

이기 때문에 이런 공동통상정책의 결과로 나오는 수익을 EEC예산으로 쓰기 시작했다. 따라서 이 두 가지 예산원(비회원국의 농산물과 공산품에 대한 관세)은 순수한 의미의 자체재원이라고 불렸다. 이 수익금을 회원국들이 공동체를 대신해 징수만 해줄 뿐이고 EEC 집행위원회가 관리하면서 공동농업정책이나 지역정책에 지출했다. UN과 비교해 예산수입의 독립성이 보장되고 자율성도 있다.

그러나 이 자체재원으로는 예산이 부족해 회원국들이 부가가치세의 1%를 공동체 예산으로 납부했다. 회원국들의 세원이나 부가세 비율이 매우 상이하여 조화(harmonization)에 10년이 걸려 부가세 1% 납부는 1980년부터 시행되었다. 여기서 중요한 점은 이론적으로 합의한 – 실제가 아닌 – 부가세의 1%라는 점이다. 1987년 단일유럽의정서 발효, 그리스·스페인·포르투갈의 가입으로 가난한 회원국이 늘어나자 이들에게 지원해주는 지역정책 등에 더 많은 예산을 사용해야 했다. 이 때문에 1988년부터 회원국의 GDP에 비례하는 분담금이 예산의 수입원으로 추가되었다. 또 부가세는 보통 GDP에서 투자보다 소비의 비중이 높은 국가가 상대적으로 많이 부담하기 때문에 부가세의 비중도 점차 줄어들었다. 현재 27개 회원국 중 대다수는 전체부가세 가운데 0.3%의 부가세를 EU 예산으로 납부하고 있다.

27개 회원국가운데 일부는 EU예산으로부터 혜택을 받는 회원국도 있고 별로 이득을 얻지 못하는 나라들도 있다. EU예산으로 납부한 돈이 EU의 공동정책을 통해 돌려받는 돈보다 많은 회원국은 순예산납부국(net contributor), 반대로 납부한 액수보다 EU예산으로부터 더 많은 이익을 얻는 국가는 순예산혜택국(net beneficiary)이라고 불린다. 유럽이사회에서 회원국 수반들이 예산의 납부방식을 두고 설전을 자주 벌인다. 독일이나 네덜란드, 스웨덴 같은 순예산납부국은 되도록이면 납부액을 줄이거나 예산의 급속한 증가를 원하지 않는다. 반면에 2004년 신규 가입한 중동부 유럽국가들은 순예산혜택국으로 더 많은 지원을 받으려 한다.

❷ 예산을 구체적으로 무슨 정책에 사용하는가?

원래 EEC예산이 필요하게 된 것은 공동체 차원의 최초의 공동정책인 공동농업정책 때문이다. CAP를 위해 예산이 필요했고 초기에는 이 정책에 대부분의 예산을 사용했다. 따라서 1980년대 중반까지 EEC예산의 70%가 넘는 돈이 공동체 농민들을 위해 지원되었다. 그러나 그동안 EEC 회원국들이 늘면서 이런 예산 지출은 변화할 수밖에 없었다. 1973년에 가입한 아일랜드, 1980년대 가입한 그리스, 스페인, 포르투갈 등은 기존 회원국들과 비교해 상대적으로 가난했고 많은 낙후지역을 가지고 있었다. 따라서 이런 회원국들이 지역정책에 더 많은 예산을 지출해줄 것을 강력하게 요구했다. 많은 논란을 거쳐 1990년대 중반부터 지역정책이 EU예산의 1/3정도를 차지하게 되었고 CAP예산의 비중은 절반 정도로 줄어들었다.

❸ 정책별 예산지출의 변화

그래프에서 볼 수 있듯이 공동농업정책에 소요되는 예산이 감소했고 이에 반비례해 지역정책(그래프에서는 구조기금으로 표시됨)에 지출되는 예산은 증가했다. 역내정책은 단일시장정책 등을 의미하며 역외정책은 공동외교안보정책 등에 지출되는 예산을 의미한다.

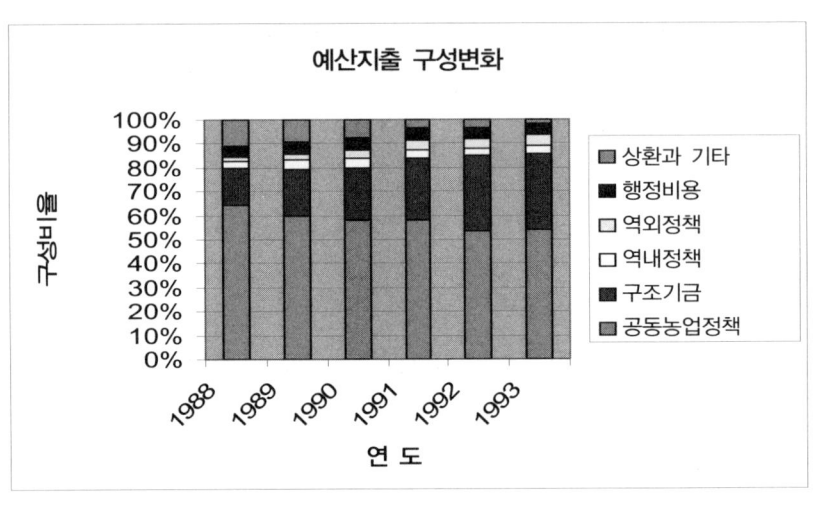

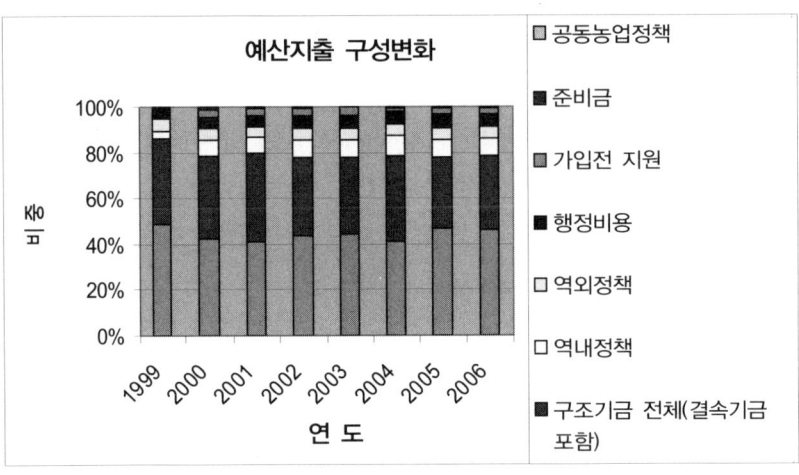

출처 : EU 집행위원회 자료를 바탕으로 필자가 작성한 그래프

❹ 예산편성과 집행, 관리감독은 어떻게 하는가?

예산당국(Budgetary Authority)은 각료이사회와 유럽의회(European Parliament)다. 유럽의회는 예산을 심의하고 의결한다. 또 예산집행이 제대로 되었으면 의회면제(parliamentary discharge)를 내린다. 예산위원회(Committee on Budgets)와 예산통제위원회(Committee on Budgetary Control)가 업무를 분담하고 있다. 예산위원회는 주로 재정전망(보통 5~7년간 EU예산운용계획, 뒤에 설명)을 다룬다. 예산통제위원회는 예산지출이 제대로 되었는지를 점검하고 사기횡령방지 등을 위한 조치를 취한다. 또 감사원과 협력하고 감사원의 보고서를 검토, 의회면제를 줄 수 있는지를 의장에게 보고한다.

각료이사회는 의회와 함께 예산을 심의한다. 예산을 다루는 각료이사회(Budget Council)는 주로 경제·재무장관이나 차관, 혹은 차관보들이 모여 예산을 논의한다. 집행위원회는 유럽연합 각 기구가 제출한 예산안을 종합, 편성한 후 각료이사회에 이를 제출한다. 유럽의회의 최종의결이 난 후 예산을 집행한다. 이어 예산집행을 감사원(European Court of Auditors)에 보고한다. 감사원의 보고서를 근거로 유럽의회는 의회면제를 내리게 된다.

유럽연합조약은 2부의 268~280조에서 예산관련 규정을 담고 있다(Title II Financial Provisions). 회계연도는 1월 1일부터 12월 31일까지이다(272조 1항). 272조 1항부터 10항까지 예산편성절차를 마감시한을 명시, 자세하게 규정하고 있다.

아래 박스는 세부절차를 설명하고 있다. 관례에 따른 시한은 보통 유럽의회와 각료이사회, 집행위원회가 사전에 의견을 조율하는 과정이므로 조약에 따른 시한보다 빠르다.

조약에 따른 시한	관례에 따른 시한
해당연도 예산우선순위 토론(집행위원회, 유럽의회, 각료이사회) 4월초	
집행위 : 예비예산초안 각료이사회 제출 9월 1일	6월 15일
각료이사회 : 일독모임이전 의회와 조정위원회	
각료이사회 : 예비예산초안 일독 7월 31일	
예산초안 : 유럽의회에 제출됨 10월 5일	9월 첫째 주
의회일독완료 : 위로부터 45일 이내	10월말까지
각료이사회 이독 이전 의회와 조정위원회	
각료이사회 이독 : 의회 일독완료일로부터 15일 이내	11월말까지
의회이독 : 위로부터 15일 이내	12월 둘째주
유럽의회 의장이 예산채택 선언	

출처 : Brigid *Laffan*, The Budget of the European Union, pp. 23~24, 일독은 처음 안을 심의했다는 의미. 이독은 두 번째 심의했다는 의미임

이런 연례 예산 사이클 이외에 보통 5~7년 정도 EU예산의 중장기 사용을 보여주는 재정전망(Financial Perspective)이 있다. 1988년 당시 집행위원장이던 자크 들로르 때부터 시작되었다. 집행위원회가 해당기간 주요 정책에 소요되는 예산규모, EU 국내총생산 대비 예산비중 등을 제시하면 유럽이사회에서 회원국 수반들이 최종 결정한다. 들로르 I 재정전망은 1988~1992, 들로르 II 재정전망은 1993~1999 기간의 예산운용 계획을 보여주었다. 이어 2000~2006, 2007~2013년까지의 재정전망도 잇따랐다.

자크 들로르 집행위원장(1985~1994년 집행위원회 위원장을 역임하면서 유럽통합에 큰 기여를 했다) : 출처 – 유럽집행위원회

2008년 EU예산 총액은 1200억3000만유로(약 165조원 정도)이다. 27개 회원국 국민총소득(GNI)의 1.03%에 해당하는 금액이다. 2008년 우리나라 전체 예산은 256조원(일반회계 152조원, 특별회계 42조원)이다. 우리 일반회계 예산보다 조금 많은 액수이다.

11 EU와 우리나라, 북한과의 관계를 설명해달라.

> 유럽통합 과정의 진전으로 EU와 우리나라의 관계도 변화했다. 또 2000년 말부터 EU와 각 회원국들이 북한과 외교관계를 수립했다. EU와 우리나라, 북한과의 관계를 설명한다.

❶ 우리와 EU와의 관계

- 1990. 1 : 주한 EC 대표부 설치
- 1996. 10 : 무역 및 협력 기본협력협정(Korea-EU Framework Agreement for Trade and Cooperation)과 공동정치선언(Joint Declaration on the Political Dialogue) 채택(발효는 2001.4월)
- 2001년 이후 : 한-EU 공동위원회 매년 개최(통상문제가 주요 의제)
- 2002년 이후 : 한-EU 정상회의(격년제로 개최)
- 2006. 12 : 한-EU 과학기술협력협정/핵융합협력협정 체결

(외교통상부의 우리나라-EU관계에서 발췌)

우선 1963년 당시 유럽공동체(경제공동체 EEC와 원자력공동체 포함)와 우리나라는 외교관계를 수립했다. 경제관계를 중심으로 두 나라 관계가 시작됐으며 1989년과 1990년 우리와 EC가 각각 브뤼셀과 서울에 대표부를 설치하기에 이르렀다.

1996년 체결된 기본협력협정은 경제분야에 치중된 양자관계를 문화와 과학기술 등 다른 분야로 확대함을 골자로 했다. 정치선언도 같은 맥락에서 양자 간의 정치분야에 대한 정기대화와 협력을 주요 내용으로 하고 있다. 이 두 가지 협정 모두 우리나라는 1997년에 국회비준이 종료됐으나 EU는 15개 회원국 전체의 비준에 시간이 많이 걸려 체결 후 5년이 지난 2001년 4월에야 이 협정과 정치선언이 발효되었다. 비준이후 양측은 2년에 한 번씩 정상회담을 개최해오고 있다. 또 우리나라 외무장관과 EU의 트로이카(유럽각료이사회 순회의장, CFSP 고위대표, EU집행위원회 대외관계 담당위원), 국장급이 만나는 공동위원회는 해마다 한 번씩 서울과 브뤼셀을 오가며 번갈아 열고 있다.

양측이 이런 협정과 정치선언을 채택하게 된 것은 서로간의 필요성을 느꼈기 때문이다. 1993년 11월 유럽연합조약이 발효되면서 국제무대에서 EU의 영향력은 더 커졌다. 공동외교안보정책(CFSP)과 제3기둥인 사법과 내무분야에서의 협력도 강화되었다. EU도 동북아시아에서 중국과 일본에 이어 세계 11위의 경제대국인 우리와의 관계를 더욱 강화할 필요성을 인식했다. 이런 시각은 2007년 5월 시작된 한-EU 자유무역협정(FTA)체결을 위한 협상에서도 그대로 드러난다. EU는 아시아에서 인도, 동남아시아국가연합(ASEAN)과도 거의 비슷한 시기에 FTA 협상을 시작했으나 인도나 아세안과의 협상타결은 우리보다 더 시간이 소요될 것으로 예상되고 있다. 또 합의 수준도 우리보다는 덜 포괄적일 것으로 예상되고 있다(마지막 두 문장은 Razeen Sally, "Brussels Looks East," 2007. 11. 15. Wall Street Journal 기사를 참조하였다).

❷ 주요 통상분쟁

1990년대 말부터 조선보조금 분쟁, 반도체 보조금 지급, 자동차 무역불균형 문제가 양자 간 주요 통상현안이었다. 조선과 반도체는 우리나라가 업체에 제공한 보조금이 관세 및 무역에 관한 일반협정(GATT)와 세계무역기구(WTO)의 보조금 지급규정을 위반했다고 EU가 문제를 제기함으로써 발단이 되었다. 자동차 무역 불균형은 우리 업체의 대EU 수출비중이 높지만 국내의 EU 회원국 자동차 수입은 매우 낮은 비중이라는 점에서 비롯되었다. 특히 EU는 우리의 세제조정과 표준 및 인증제도 개선 등 비관세장벽 분야에서의 개선을 계속해서 요구해 왔다. 현재 진행 중인 FTA 협상에서도 자동차 분야는 논란을 빚고 있다(무역 분쟁에 대한 자세한 내용은 김세원 『EU 경제학 : 유럽경제통합의 이론과 현실』 서울 : 박영사, 2005 참조).

이처럼 통상분쟁이 빈번하게 된 것은 그만큼 양자 간의 무역이 증가해왔음을 의미한다. EU는 우리나라의 제2위의 교역 상대국으로 2006년 말을 기준으로 우리나라와 EU간 교역은 우리나라 전체 교역의 약 12.4%를 차지했다. 2000년에 230억달러가 조금 넘었던 대EU 수출이 불과 6년만인 2006년에 두 배 이상 증가한 484억달러를 기록했다.

EU는 중국에 이어 우리나라의 제 2위 수출시장, 일본·중국·미국에 이어 제 4위의 수입시장, 총교역은 중국(18.6%)·EU(12.4%)·일본(12.4%)·미국(12.1%)·ASEAN(9.7%)순으로 나타났다. 반면에 우리나라는 EU의 교역상대국 중 유럽 국가를 제외하면 5번째 위치를 차지하는 중요한 거래 상대이다. 전체 교역상대국 중 제8대 교역상대국(2005년말 기준. 수출 : 14번째, 수입 : 8번째, 미국, 중국, 러시아, 스위스, 일본, 노르웨이, 터키, 한국 순이다)이다.

한·EU 교역현황

(단위 : 백만불, %)

구 분	'00	'01	'02	'03	'04	'05	'06
수 출	23,424 (△15.7)	19,627 (▼16.2)	21,694 (△10.5)	24,887 (△14.7)	37,830 (△52.0)	43,660 (△15.4)	48,450 (△11.0)
수 입	15,788 (△25.0)	14,920 (▼5.5)	17,107 (△14.7)	19,380 (△13.3)	24,187 (△24.8)	27,295 (△12.9)	30,110 (△10.3)
총교역량	39,212 (△19.3)	34,547 (▼11.9)	38,801 (△12.3)	44,267 (△14.1)	62,017 (△40.1)	70,955 (△14.4)	78,560 (△10.7)
무역수지	7,636	4,707	4,587	5,507	13,643	16,365	18,340

출처 : 한국무역협회

우리의 대EU 주요 수출품목은 자동차와 무선통신기기, 선박, 평판디스플레이, 반도체 등이며 우리는 EU로부터 반도체 제조용 장비, 자동차, 반도체, 농약, 의약품, 자동차부품 등을 주로 수입한다.

❸ EU와 북한과의 관계

2000년 6월 남북정상회담이 열린 이후 그 해 10월 서울에서 아시아-유럽정상회담(Asia Europe Meeting : ASEM)이 열렸다. 이 자리에서 당시 김대중 대통령은 우리의 햇볕정책을 설명하고 EU 회원국 수반들의 지지를 요청했다. EU와 회원국들의 기본입장은 한반도의 긴장완화 정책을 지지하면서 북한 인권문제도 아울러 제기했다. 또 북한의 홍수피해에 대해 인도적 지원을 계속해왔다.

아시아-유럽 정상회담 직전과 직후에 당시 많은 EU 회원국들이 북한과 외교관계를 수립했다. EU집행위원회 대표부도 평양에 공관을 설치했다. 27개 회원국가운데 프랑스, 에스토니아, 루마니아, 불가리아를 제외한 23개국이 북한과 외교관계를 맺고 있다.

관계수립 이후 EU와 회원국인사들의 북한 방문이 잇따랐다. 2001년 5월 초 당시 EU이사회 순회의장국이던 스웨덴 페르손 총리, 솔라나 CFSP 고위대표, 크리스 패튼 EU 집행위 대외담당위원(트로이카)이 평양, 그리고 이어 서울을 방문했다. 이 방문에서 북한은 EU 대표단에게 남북 정상회담선언의 이행과 2003년까지 미사일 발사 유예를 약속했다. 또 EU-북한간 정치대화(주로 EU측에서 북한의 인권문제를 제기)의 개최도 합의했다. 이후 매년 개최되어온 정치대화는 2005년 말 EU가 유엔에 북한 인권결의안 상정에 주도적 역할을 수행함으로써 개최되지 못했다. 북한이 이에 반발해 정치대화 개최를 거부했기 때문이다.

북한 핵위기가 지속될 때 유럽연합 각료이사회는 공동입장을 통해 북한의 핵무기 폐기를 촉구했다. 이런 와중에서도 대북 인도적 지원을 계속했다. 1995년 북한의 홍수피해 지원부터 시작된 인도적 지원은 2005년 말까지 3억5000만유로(4300억원)에 이르러 최대의 인도적 지원 제공을 기록했다. 식량제공뿐만 아니라 농업구조개선과 위생시설 개선 등에도 지원을 제공했다. 이밖에 한반도에너지개발기구(KEDO)에도 이사로 참여해 2003년까지 1억1500만유로를 지원했다.

EU집행위원회나 각료이사회 관계자들은 EU의 대북한정책이 미국과는 다름을 지적하면서도 결코 미국의 대한반도 정책을 대체할 의도도 없고 그런 능력도 없음을 강조한다. 즉 미국이 한반도에 대한 가장 중요한 국가 중의 하나이고 EU의 역할은 이를 지지하는 정도라는 점이다.

12 EU와 주요국가와의 관계

> 키워드 : 대서양관계, 외부 촉진자, 대서양재계회의, EU의 대러시아, 중국, 일본, 인도관계
>
> 지난 2003년 미국 주도의 이라크 침공을 두고 미국과 유럽연합 회원국들은 심각한 갈등을 겪었다. 비단 군사문제뿐만 아니라 기후변화, 무역 등 각 분야에서 미국과 EU는 자주 분쟁을 벌이고 있다. 2차대전 이후 양자 간의 관계를 간략하게 조명하고 분쟁을 다루기 위한 기구를 살펴본다. 이어 EU와 중국, 러시아, 일본, 인도와의 관계를 약술한다. 앞에서 설명한 우리나라-EU관계를 주요국들의 EU관계와 비교할 수 있을 것이다(이하의 설명은 저자가 연구 중에 기록한 노트와 EU의 홈페이지 http://ec.europa.eu/external_relations/index.htm에 게재된 최신 내용을 참조했다.).

❶ 대서양관계(Transatlantic Relations) : 미-EU 관계

미국과 유럽연합간의 관계는 대서양관계(Transatlantic Relations)라고 불린다. 미국과 EU 각 회원국이 대서양을 두고 마주보고 있기 때문이다. 2차대전 이후 미국은 냉전붕괴 전까지 약 50만명이 넘는 군대를 유럽에 주둔시켰다. 냉전붕괴 후에도 독일을 비롯, 유럽 각 국에 약 20만명이 넘는 미군이 주둔해있다. 이처럼 미국과 유럽은 2차대전 이후 뗄래야 뗄 수 없는 관계에 있다. 양자 간의 관계를 경제와 정치, 통합과정에서의 역할, 기구의 측면에서 보면 다음과 같다.

• 경제와 정치

　유럽연합 27개국은 세계에서 가장 큰 경제블록을 형성하고 있다. 도표에서 볼 수 있듯이 전세계 서비스 교역(수출과 수입포함)의 26%를 차지하고 있다(2005년말 EU 자료이기 때문에 25개국만 포함). 반면에 미국은 18.4%, 일본은 6.9%, 중국은 3.8% 정도이다. 전세계에 수출되는 서비스 제품가운데 1/4은 유럽연합에서 만들었다. 또 2004년 5월1일 유럽연합에 가입한 중·동부 유럽 10개국(폴란드, 체코, 슬로바키아, 슬로베니아, 헝가리, 발트 3국-에스토니아, 리투아니아, 라트비아, 몰타, 키프로스)을 제외한 기존 15개 나라는 대부분 경제협력개발기구(OECD) 회원국이다. 즉 정치적으로 발달된 민주주의 국가이고 경제적으로도 풍요로운 복지국가들이어서 미국과 가치를 공유한다. 미국과 유럽연합은 정도의 차이는 있지만 대체적으로 자유무역을 지지한다. 따라서 국제무대에서 중국이나 일본, 그리고 개발도상국에게 시장개방압력을 행사해 왔다.

미국과 유럽연합, 중국, 일본 비교

	유럽연합 25개국	미국	일본	중국
교역(전세계 교역 대 비중)	26%	18.4%	6.9%	3.8%
인구	4억5500만	3억	1억2700만	13억

　역사적으로도 미국과 유럽은 밀접했다. 미국 인구 3억명 가운데 1억 5천만명 정도가 유럽에서 이민을 간 후손들이라 여기고 있다. 이 가운데 자신을 독일인 후손으로 여기는 사람들이 약 절반이며, 영국과 아일랜드 출신이라고 간주한 사람들은 각각 20% 정도를 차지했다. 이들의 입장에서 보면 유럽은 할아버지, 혹은 증·고조 할아버지의 나라이다.

당연히 유럽 각 국에 대해 친밀감을 느낄만하다.

정치적으로도 유럽연합 내 일부 국가들은 중요한 역할을 하고 있다. 국제연합(UN) 안전보장이사회에서 거부권을 행사하는 상임이사국은 5개 나라. 이 가운데 유럽국가는 프랑스와 영국이다. 냉전이 붕괴되기 전까지 미국은 국제문제에서 소련과 대치했다. 따라서 미국은 때때로 영국이나 프랑스의 협력이 필요했다.

이처럼 유럽연합이 경제적으로 가장 큰 블록이고 정치적으로도 미국과 많은 입장을 공유하기 때문에 이들의 관계는 국제정치·경제에서 중요할 수밖에 없다.

- **'외부 촉진자' : 냉전시기 미국의 유럽통합에 대한 역할**

2차대전 이후 미국은 유럽통합에 아주 적극적인 역할을 수행했다. 독일 재무장의 필요성을 제기하고 관철시킨 나라는 미국이었다. 프랑스나 영국 등 대부분의 유럽국가가 소련의 위협에 대응하기 위해 독일 재무장이 필요하다는 점은 이성적으로 인정했다. 그러나 독일의 나치에 짓밟힌 경험이 있는 이들 나라가 독일 재무장을 직접 거론하며 토론하는 것은 아주 민감한 문제였다. 독일과의 전쟁에서 승리하고 독일에서 나치잔재를 제거하고 독일을 민주화시키던 미국은 독일 재무장을 관철시켰다. 또 독일의 북대서양조약기구(NATO) 가입도 지지했다.

미국의 지도자들이 공통적으로 느낀 점은 유럽이 통합돼야 한다는 점이었다. 물론 구체적으로 어떤 식의 통합인지는 지도자 개인에 따라 차이가 있었다. 공통점은 유럽에서 또 하나의 전쟁이 일어나는 것을 방지하기 위해 유럽 각 국이 좀 더 긴밀히 협력하고 경제통합을 달성해야 한다는 점이었다.

물론 1960년대 중반 당시 유럽공동체가 보호무역의 성격이 짙은 공동농업정책(CAP)을 시행하자 미국 농무부는 이를 비판했다. 또 무역협상에서 이 문제 때문에 많은 갈등을 겪어 왔다. 그러나 미 국무부와 다른 정부부처는 대체적으로 유럽의 통합을 지지했다.

1970년대 1,2차 석유파동이 일어나고 미국경제가 침체의 늪에 빠지면서 미국과 유럽공동체는 자주 경제문제에서 갈등을 겪었다. 미국은 유럽공동체의 비관세장벽을 거론하며 폐지를 요구했다. 그러나 프랑스를 비롯한 유럽 각 국은 실업문제를 해결하기 위해 더 놓은 장벽을 쌓곤 했다.

1981년 미국 공화당의 레이건 행정부가 들어서면서 유럽공동체 각 회원국과 미국은 외교정책과 무역문제에서 빈번한 갈등을 겪게 되었다. 힘의 우위를 역설한 레이건 대통령의 공세적인 대소정책이 문제였다. 독일 등 상당수의 유럽공동체 회원국은 소련정책에서 강온양면 정책을 주장했다. 이런 갈등을 겪으면서 유럽공동체 회원국은 경제문제뿐만 아니라 외교정책에서도 미국과 시각과 이해관계가 다름을 인식했다. 이런 인식은 유럽공동체가 정치안보분야에서 한 목소리로 말하도록 노력한다는 유럽정치협력(European Political Cooperation : EPC)을 강화하는 계기가 되었다.

이런 점에서 유럽통합에서 미국의 역할은 '외부 촉진자'라고 불린다. 때로는 통합을 적극적으로 지지했기 때문에, 때로는 유럽공동체와 갈등을 빚어 공동체의 외교안보분야 협력 강화에 영향을 끼쳤기 때문이다. 그러나 냉전붕괴 전까지 미국과 유럽공동체는 제도화된 협력기구를 보유하지 않았다. 물론 EEC도 미국의 워싱턴 D.C.에 집행위원회 직원들로 구성된 대표부를 파견하고(EEC 각 회원국도 미 수도에 대사관을 둠), 미국도 브뤼셀에 상주대표를 파견, 업무를 처리했다. 그러나 고위지도자들의 정례화된 모임은 없었다. 미국이나 유럽연합 모두 각 상주대표부를 1급공관으로 격상, 양자관계에 중요성을 부여해 왔다.

● 냉전 이후 : 제도화된 협력

냉전종식에 즈음해 미국과 유럽은 크게 다음과 같은 선언 등을 통해 관계를 제도화했다.

- 1990. 11월 : 미국-EC 관계선언(Declaration on US-EC Relations : The Transatlantic Declaration) 미국 대통령, EC 집행위원장과 유럽이사회 의장이 서명
- 1995. 12월 : 신 대서양아젠더 서명(New Transatlantic Agenda)
  - 환경과 테러 등 전세계 문제 공동해결 노력
  - 세계무역과 양자 간의 긴밀한 무역관계 촉진
  - 문화와 교육분야의 협력강화로 양자 간 교류촉진

배경 : 1989년 11월 베를린 장벽이 붕괴되고 독일통일이 임박하면서 미국은 유럽공동체와의 관계를 강화해야 할 필요성을 직감했다. 당시 12개 회원국의 경제규모가 미국과 거의 비슷했고 냉전붕괴 이후 국제사회에서 유럽공동체의 역할이 강화될 수밖에 없기 때문이었다.

초강대국 미국은 흔히 '계몽된 사익'(enlightened self-interest)을 추진한다고 한다. 즉 미국의 국익에 부합하면서 다른 나라의 이익과도 어긋나지 않는 정책을 이행하는 것이다. 당시 제임스 베이커 국무장관은 유

럽공동체와의 제도화된 모임을 제안했다. 유럽공동체의 역할이 증가됨을 감안, 관계를 강화해야 할 필요성을 느꼈기 때문이다.

이에 따라 1990년 11월 미국 워싱턴 D.C.에서 '미국-유럽공동체 관계선언'이 서명되었다. 이 선언은 양측이 중요한 국제 정치·경제문제에 대해 정기적으로 의견을 교환하고 논의한다고 규정했다. 또 1년에 2회, 워싱턴과 브뤼셀을 오가며 정상회담을 개최한다. 유럽연합 집행위원회 위원장과 유럽이사회 순회의장이 미국 대통령을 만난다. 또 고위공무원들의 모임도 더 자주 정기적으로 열린다. 이 선언은 1995년 12월 신대서양아젠더로 약간 더 보충되었다. 테러와 환경 등 전세계 문제에 공동대처하고 경제분야 뿐만 아니라 문화와 교육 등 다른 분야에도 양자 간 관계확대를 목표로 했다.

이런 정부간 모임이외에도 민간차원의 미국과 유럽연합 주요 기업 회장들의 모임인 대서양 재계회의(Transatlantic Business Dialogue : TABD)가 있다. 정기적으로 모여 양자 간 무역분쟁에 대해 논의하고 정부에 정책건의도 제출한다.

2007년 상반기 유럽이사회와 각료이사회 순회의장국이던 독일은 미국과 EU와의 FTA 결성 추진 등을 내세웠으나 뚜렷한 결과를 성과를 얻지 못했다. 양자간의 FTA는 지난 1990년대부터 제기되었다. 그러나 양자가 농산물과 공산품 등에서 민감한 분야가 많아 아직 FTA가 필요한지에 대해 합의하지도 못했다. 그러나 이처럼 어느 정도 제도화되고 강화된 상시채널에도 불구하고 양측은 무역문제에 대해 자주 분쟁을 벌인다. 미국은 유럽연합의 철강보조금 철폐를 요구하며 통상보복을 실시했다. 이에 유럽연합은 세계무역기구(WTO)에 제소하기도 했다. 그만큼 냉전붕괴 이후 무역문제가 중요한 의제가 됐기 때문이다.

또 이스라엘과 팔레스타인의 분쟁에서도 미국은 유럽연합의 지지를 절대적으로 필요로 한다. 유럽연합은 미국이나 일본과 비교, 약 3~4배가 많은 국제원조를 제공하고 있다. 팔레스타인 지역에서 주택과 도로 건설 등 기반시설 건설의 상당수가 유럽연합이 제공하는 원조로 이루어지고 있다. 이라크 전후 복구도 마찬가지이다. 미국은 침략에 엄청난 돈과 병력을 소비하고 있지만 막상 전후복구에는 그리 큰 관심을 두지 않고 있다. 물론 이라크 치안이 안정되면 많은 미국 기업들이 이라크에 눈독을 들일 것이다. 그러나 이라크는 기반시설 투자 등 많은 국제원조가 절대 필요하다. 이 역시 유럽연합의 원조없이는 불가능하다.

이라크 침략전쟁으로 미국과 유럽연합 간의 관계가 악화됐지만 서서히 진정되고 있다. 또 부시 대통령도 2005년 5월 브뤼셀을 방문, 유럽연합의 역할 확대를 요구하며 미국과 유럽연합이 동맹자임을 강조했다.

❷ EU-중국 관계

- 1985 : EU-중국 무역과 협력협정(EU-China Trade and Cooperation Agreement)
- 1994, 2002 : 교환각서(Letters of Exchange, 정치대화까지 포함, 1998년부터 연례 정상회담 개최)
- 2007. 1 : 포괄적 파트너십과 협력협정(Comprehensive Partnership and Cooperation Agreement) 체결을 위한 협상 개시

유럽연합과 중국과의 관계도 처음은 무역에서 시작되었다. 중국의 개혁개방이 지속되면서 1990년대 접어들어 정치대화를 포함하는 단계로 진전되었다. 이어 1998년부터 연례 정상회담이 열리고 있다. EU

집행위원회 위원장, 대외관계 담당 집행위원, 통상담당집행위원과 유럽이사회 순회의장이 중국 수뇌부와 모임을 갖고 상호관심사를 논의한다. 2007년 초 급증하는 무역과 정치관계 등을 반영해 양측은 '포괄적인 파트너십과 협력협정'을 체결하기로 하고 1년이 넘도록 협상을 벌여왔다.

EU는 중국의 개혁과 개방을 지지하면서 국제사회의 편입을 격려하고 있다. 경제적으로 번영되고 정치적으로 다원적인 중국이 아시아에서 지역파워, 나아가 세계 무대에서 강대국으로 책임있는 역할을 할 수 있으리라는 시각을 갖고 있다. 기후변화를 비롯한 환경분야에서도 중국의 협력이 필요하며 아시아 지역에서 EU가 지역협력을 추진하는데에도 중국이 중요한 행위자이다. 중국도 큰 교역상대국인 EU와 원만한 관계를 필요로 한다. 또 중국은 미국의 일방주의 견제를 위해 '아세안플러스쓰리'(ASEAN Plus Three) 등 각종 국제기구를 적극 활용하고 있기 때문에 EU도 같은 차원에서 쓸모가 있다.

이런 가운데 EU의 대중국 무역적자가 눈덩이처럼 불어나 양측 간의 갈등의 소지가 커지고 있다. 지난 2004년부터 EU는 중국의 최대교역국으로 부상했다. 2006년 EU의 대중국 무역적자(수입이 수출을 초과)는 1310억달러를 기록했고, 2007년에는 거의 2배에 가까운 2530억달러에 이르렀다. EU는 중국이 위안화를 인위적으로 낮게 가치를 책정해 수출경쟁력을 강화해 막대한 무역흑자를 보고 있다는 시각이다. 따라서 미국과 마찬가지로 중국에 위안화 평가절상을 강력하게 요구하고 있다.

반면에 중국은 EU의 무례함이나 모순된 정책을 꼬집는다. 말로만 자유무역을 외치고 막상 경쟁력 있는 중국 제품에 대해서는 수입허용

량인 쿼터나 규정을 통해 수출을 가로막고 있다. 그러면서 국내문제인 민주주의와 인권상황을 제기하며 심기를 건드리고 있다는 것이 중국의 시각이다.

　외교정책에서 EU는 하나의 중국정책(One-China Policy)을 지지하고 있다. 중국 정부만을 인정하고 있다. 2003년 타이완에 경제 및 무역사무소(Economic and Trade Office)를 개설해 경제관계를 유지하고 있을 뿐이다. 또 공동외교안보정책을 통해 1989년 천안문 사태 이후 대중국 무기수출금지정책을 유지하고 있다. EU의 모순적인 대중국정책을 보여주는 대표적인 사례 두 가지를 들어본다. 2007년 8월 유럽연합(EU)은 에너지 효율성이 높아 친환경적인 중국산 전구에 부과해온 수입관세를 1년 더 연장하기로 결정했다. 자유무역을 주장하며 타국에 대해 줄기차게 관세인하를 요구해온 EU는 원래대로라면 수입관세를 철폐해야 했다. 그러나 독일의 유명한 전구업체 오스람이 아직 친환경적인 제품 생산 준비가 안됐다며 관세 조기철폐를 반대했고 독일 정부도 자국 업체 편을 들었다. 몇몇 회원국들도 독일 입장을 지지하면서 중국산 전구 수입관세 조기 철폐안을 거부했다. 2005년 8월 중국산 브래지어와 스웨터 등을 실은 배가 암스테르담, 함부르크 등 유럽 주요 항구에서 발이 묶였다. EU는 값싼 중국산 섬유제품의 수입 급증을 막기 위해 이에 대한 수입할당량(쿼터)을 지정했다. 그러나 당시 상반기가 조금 지난 시점에서 이미 해당연도 쿼터를 다 써버려 이런 해프닝이 발생했다. 유럽의 섬유제품 수입업자들은 중국산 제품이 가격이 싸고 판매가 잘 되기 때문에 계속해서 수입했다. 그러나 EU 회원국내 섬유제품 제조업체들이 이를 저지해 중국산 수입쿼터를 정해버렸고 이를 초과하면서 문제가 발생했다. 이런 무역분쟁에도 불구하고 중국과 EU 회원국 간의 교류도 점차 늘어나고 있다. 영국이나 독일, 프랑스 등 EU내 주요 회원국들은 중국 유학생 유치에 열을 올리고 있다. 필자가 영국에서 만났던 한 외교관은 "영국이 시장을 개척하고 관계를 개선하기 위해 중국만큼 투자한 나라가 없다"라는 말을 했다. 2003~2004년 10만명이 넘는 중국 대학생들이 EU 25개 회원국(당시 회원국수)에서 공부했다. 같은 해 미국에서 공부한 중국 대학생은 6만명이었다. 경제와 학생교류가 늘어났지만 아직도 EU 회원국 국민들의 중국이해는 부족하다. 2007년 11월 29일 영국 일간지 파이낸셜타임스(FT)가 실시한 설문조사에 따르면 영국·프랑스·독일 시민들 중 절반정도가 중국을 파트너보다 경쟁자라고 인식하고 있었다. 6000km 넘게 떨어진 양측의 거리만큼 인식의 차이는 더 크다. 특히 EU가 위안화 절상과 시장개방을 강력하게 요구하면서 중국과 EU는 앞으로도 상당기간 갈등을 겪으면서 접점을 찾으려 노력할 것으로 보인다.

❸ EU-러시아 관계

- 1991 : 유럽공동체, 러시아를 포함한 독립국가연합(CIS)에 대한 기술 원조 시작(TACIS : Technical Assistance to the Commonwealth of Independent States)
- 2003. 5월 : EU-러시아 상트페테르부르크 정상회담에서 양자 간 각 분야의 협력을 강화하는 '4개의 공동구역'(Four Common Spaces) 설립합의(경제, 자유·안보·사법, 외부안보분야, 연구와 교육·문화)
- 2005. 5월 : EU-러시아 상트페테르부르크 정상회담에서 위를 실행하기 위한 구체적인 '로드맵' 합의
- 2008년 현재 : 새로운 협력협정 협상 중

냉전시기 소련은 서유럽의 안보를 위협하며 상이한 체제를 지닌 적이었다. 2차대전 이후 유럽통합을 촉진한 주요 동인으로는 소련이라는 적 앞에서 서유럽국가들이 단결할 수밖에 없었다는 점을 지적할 수 있다.

냉전붕괴 이후에도 러시아는 여전히 핵무기 보유국이며 원유와 천연가스의 주요 수출국으로 EU 각 회원국에 중요한 나라이다. 특히 EU 27개 회원국과 지리적으로 가까워 체첸분쟁 등으로 난민이 회원국으로 몰려들고 회원국으로 흘러든 러시아 여성들의 인신매매로 회원국에서 자주 문제가 발생한다. 또 1986년 4월에 발생한 체르노빌 원자력 폭발사고에서 볼 수 있듯이 환경오염의 EU내 전파나 확산도 주요 이슈다. 이런 배경에서 EU는 러시아와 전략적인 관계를 형성하려고 노력하지만 그리 쉽지 않다. 러시아의 시장경제이행과 민주주의 이행이 매우 점진적으로 이뤄지기 때문이다. EU는 인근에 있는 러시아가 정치적, 경제적으로 안정되도록 경제지원과 함께 제도 정착에도 도움을 주려한다. 러시아와의 관계도 이런 시각을 반영하고 있다.

1991년부터 시작된 기술원조 프로그램은 소련 붕괴 후 가장 우선순위로 부각된 핵안전에 중점을 두었다. 또 교통과 기업지원, 식량생산과 분배지원에도 역점을 두었다. EU집행위원회 자료에 따르면 2006년 말까지 이 프로그램을 통해 모두 27억유로를 러시아에 지원해주었다. 처음에는 핵원조 등에 집중되었으나 차차 범위를 확대해 행정부 공무원 교육과 판사 교육 등 행정부와 사법부 개혁에도 이 프로그램이 시행되었다.

현재 체결된 경제협력은 각 분야에 걸쳐있다. EU는 러시아 상품이 EU로 수출될 때 일반특혜관세(GSP)를 제공해준다. GSP는 EU에 수출되는 러시아 상품에 낮은 관세율을 부여하기 때문에 대EU수출을 촉진해준다. 또 핵물질과 섬유분야의 교역협정을 체결했다. 경제공동구역(Economic Common Spaces)의 목표는 경제 각 분야의 이런 협력을 더 촉진해 장기적으로 러시아-EU가 좀 더 개방된 시장을 형성하는 것이다.

자유·안보·사법 공동구역(Common Space of Freedom, Security and Justice)은 양자 간 내무와 법무분야의 협력강화다. 테러와 조직범죄, 인신매매, 돈세탁, 마약 등 협조 간 필요한 분야에서 양자가 서로 협력한다. 2003년 11월 유로폴(Europol)과 러시아간의 협력협정이 체결되어 위에 열거한 국경을 넘는 범죄에 대한 협조를 강화하고 있다. 또 2006년 비자촉진협력(Visa Facilitation Agreement)도 맺어 상호간의 무비자 여행을 가능케 하기 위해 노력하고 있다.

외부안보 공동구역(Common Space of External Security)은 자유·안보·사법분야와 약간은 연관돼 있지만 좀 더 국제적 측면의 문제를 강화하는 것이다. 테러리즘과 대량살상무기(Weapons of Mass Destruction : WMD) 확산방지, 위기관리와 시민보호 등이 주요 항목이다.

EU 회원국은 공동의 연구지역(Common Research Area)이라고 할 수 있다. 회원국내 연구자들이 중장기 프로젝트를 공동으로 연구하며 왕래하고 EU예산이 이를 지원해준다. 마찬가지로 러시아와의 이런 교류를 확대하는 것이 연구·교육·문화 공동구역(Common Space of Research and Education and Culture)이다. 러시아의 경우 항공우주과학이나 미사일 등 첨단분야에서 경쟁력을 보유하고 있다. 따라서 러시아와의 적극적인 기술협력과 연구자 교류는 EU에게도 도움이 된다.

그러나 많은 노력에도 불구하고 EU회원국에게 러시아는 여전히 편한 상대가 아니다. 2006년과 2007년 1월 러시아는 우크라이나와 폴란드에 대한 가스공급을 일시 중단했다. 독일이나 프랑스 등 많은 EU

회원국들이 우크라이나나 폴란드를 경유해 러시아 가스를 수입하고 있다. 러시아가 자원을 주요 외교정책의 무기로 사용하는 상황에서 EU 각 회원국 사이에 입장차이가 있어 러시아에 대한 공동입장을 채택하는 것도 쉽지 않다.

소련의 압제에서 신음했고 가스단절을 경험한 폴란드 등 구 동부유럽국가들은 대개 러시아에 대한 강경책을 요구한다. 반면에 독일은 러시아를 껴안아 설득하며 국제사회의 책임있는 구성원으로 받아들이려 한다. 회원국들의 대러시아 정책이 포용과 봉쇄로 양분되어 있어 공동의 정책적 대응은 요원하다.

❹ EU-일본 관계

- 1991. 7월 : 일본-EC 정치선언(정상회담과 각료회담 규정)
- 2001. 12월 행동계획(Action Plan) 채택 - 앞으로 10년간 관계 개선을 위한 구체적 계획 포함(교육과 문화, 과학 등 각 분야에서 협력강화 규정)

일본이 경제대국으로 성장하면서 EC와 갈등이 깊어졌다. 특히 1970년대 유럽공동체 9개 회원국들이 경기침체로 고전을 면치 못하고 있을 때 일본은 자동차와 반도체, 전자제품 등을 미국과 EC 회원국에 수출하며 무역대국으로서 맹위를 떨쳤다. 이 때문에 EC와 일본은 잦은 무역분쟁을 겪었다.

냉전이 종식되고 미국과 관계를 제도화한지 1년 후인 1991년 EC는 일본과 정치선언을 채택했다. 이를 통해 연례 정상회담, 1년에 두 차례 열리는 각료회담, 1년에 한 번 열리는 EU 집행위원회와 일본 각료들의 회담이 계속해서 열렸다. EC는 이 선언으로 국제무대에서 미국에 이어 경제대국으로 등장한 일본의 지위를 공식적으로 인정해준 셈이다. 일본도 EC와 미국이 관계선언으로 밀접한 양자관계를 제도화하는 것에 자극을 받고 EC에 유사한 양자관계의 제도화를 요구하면서 공동선언이 탄생했다.

EU와 일본이 민주주의, 시장경제 등 많은 점을 공유하고 있지만 그래도 인식차가 존재한다는 점을 깨닫고 양측은 10차 정상회담에서 앞으로 10년간 양자관계 확대를 위한 구체적인 행동계획에 합의했다. 경제에 치중된 관계를 교육과 문화, 과학 등에 확대해 상호간의 이해를 넓히는 데 목적이 있다.

❺ EU-인도 관계

- 1994년 : 협력협정과 공동정치선언(Cooperation Agreement and Joint Political Statement) 연례각료회담과 정상회담
- 2004년 : 전략적 파트너십(Strategic Partnership) - 각 분야에서의 관계증진 목표

EU의 시각에서 보면 아시아지역에서의 주요국은 중국, 일본, 인도이다. 따라서 EU는 인도와도 1994년 협력협정과 공동정치선언을 채택해 무역과 정치분야에서의 대화를 지속해오고 있다. 양측은 2004년 이를 전략적 파트너십으로 변경하고 여러 분야에서 협력을 강화하고 있다. 2008년 1월에 프랑스의 니콜라 사르코지 대통령, 뒤이어 영국의 고든 브라운 총리, 이에 앞서 독일의 앙겔라 메르켈 총리도 대규모

경제사절단을 이끌고 인도를 방문했다. EU의 주요 국가들이 인도 시장을 선점하려고 치열한 경쟁을 벌이고 있다.

  위에서 설명한 주요국과 EU와의 관계, 그리고 EU와 우리나라의 관계를 비교해보면 차이점을 짐작할 수 있을 것이다. 필자는 2007년 3월 주한EU대표부의 맥도널드 대사와 인터뷰를 했다. 이 자리에서 중국과 EU, 우리나라와 EU 간의 격이 다르지 않느냐는 질문을 제기했다. 대사는 "각 나라마다 상황이 다르기 때문에 EU와 맺는 관계도 다르다"라는 외교관다운 답변을 주었다. EU와 우리나라, EU와 주요국간의 관계를 비교한다면 제도화의 수준이 다름을 알 수 있다. 연례정상회담의 빈도도 다르고 EU문서를 보면 주요국에 훨씬 더 많은 관심을 기울이고 있음을 쉽사리 알 수 있다.

13 브뤼셀에서의 로비활동을 알려달라

 2007년 12월 4일 네덜란드 암스테르담에 있는 민간단체 '코포릿유럽'(www.corporateeurope.org)은 그 해 EU회원국에서의 가장 악덕 로비 회사로 독일의 자동차 업체 BMW, 다임러(Daimler), 포르셰(Porsche)를 선정했다. 당시 3개 자동차 회사는 EU집행위원회가 제시한 이산화탄소 배출량 감축기준이 너무 높다며 이를 완화시키려 브뤼셀에 소재한 집행위원회와 각료이사회, 유럽의회 등을 대상으로 끈질긴 로비공세를 전개했다. 코포릿유럽은 민주주의에 위협이 된다고 인식되는 로비활동 등을 감시하는 민간단체이다. 유명한 자동차 3사가 최악의 로비회사로 선정된 사실은 브뤼셀에서의 로비활동이 얼마나 치열하게 전개되고 있는 가를 잘 보여주고 있다.

 EU 주요 기구가 몰려 있는 브뤼셀에는 현재 약 2500여개의 이익단체와 1만5000~2만명의 로비스트가 활동 중인 것으로 추산된다(코포릿유럽 자료). EU 기구와 정책에서 설명했듯이 민족국가가 보유하고 있던 통상이나 환경 등 주요 정책결정이 초국가 기구인 EU기구로 이전됨에 따라 로비스트들은 브뤼셀로 활동무대를 옮기게 되었다. 또 정책과 법안을 입안하는 집행위원회도 전문 인력이 부족하기 때문에 특정 정책이나 법안을 입안하려 할 때 이익단체의 의견을 경청한다. 입법과정에서 유럽의회의 권한이 확대됨에 따라 유럽의회가 있는 브뤼셀과 스트라스부르그(Strasbourg)에도 많은 로비스트들이 활동한다.

❶ 로비단체의 유형

매킨지와 언스트&영 등 유명한 컨설팅 단체들은 브뤼셀에 사무소를 두고 있다. 이들은 정부나 산업계 등의 고객으로부터 부탁을 받아 로비스트로 활동하고 있다. EU 27개 회원국의 지방정부도 브뤼셀에 연락사무소를 세워 정보를 수집하고 집행위원회나 각료이사회, 유럽의회 관계자들을 접촉한다. 낙후된 지역을 지원해주는 구조기금의 경우 관련 정책이 변하면 지방정부의 수령액이 감소할 수가 있다. 이를 사전에 알고 대응해야 한다. 마찬가지로 다국적 기업들도 브뤼셀에 사무소를 두고 정보수집과 로비활동을 적극 펼치고 있다. 각 회원국 노사의 결사체도 브뤼셀에서 활동하고 있다. 유럽노동조합회의(European Trade Union Congress, www.etuc.org)는 회원국 노조간의 협의 조직이다. '비즈니스유럽'(www.businesseurope.eu)은 각 국 고용주단체의 결사체이다. 유럽차원의 사회정책을 입안할 때 집행위원회는 이들의 의견을 경청해야만 한다. 노사는 사회적 파트너(Social Partners)로 입법과정에서의 역할이 보장되어 있다. 유럽차원의 단체협상이나 근로조건 개선 정책 등이 아직은 초기 단계이지만 어쨌든 이들의 의견 수렴이 필수적이다.

이산화탄소 배출량 감축기준에 대해 독일 자동차 업체들은 치열한 로비를 전개했다. 감축량이 획기적으로 줄어들수록 자동차 제조사들은 더 많은 돈을 개발비에 투자해야 한다. 따라서 엄청난 이권이 걸린 중요 정책사항이기 때문에 자동차 업체들의 로비가 치열할 수밖에 없다.

❷ 로비스트들의 철칙

로비스트들은 사전에 정보를 입수하고 정책권한을 지난 EU의 주요 기구 정책담당자들을 지속적으로 접촉해야 한다. 그들은 이런 활동을 통해 소기의 목적을 달성할 수 있다. 전문가들은 다음과 같은 로비스트들의 철칙을 제시하고 있다.

- 사전 정보 네트워크를 갖춰라 – 정책입안 단계부터 정보를 얻을 수 있으면 더 효과적으로 활동할 수 있다.
- 각 회원국이 역점을 두는 정책제안도 주목해라 – 각료이사회는 집행위원회가 제출하는 정책이나 법안제안권을 거부할 수 있기 때문에 각 국, 특히 주요 회원국의 입장을 파악하고 대응해야 한다.
- 초기단계부터 로비를 시작하라.
- 정책입안 초기단계부터 최종 결정과정까지 긴장을 풀지 말고 지켜봐라.
- 집행위원회, 회원국 관계자와 브뤼셀 주재 상주대표부 관계자, 유럽의회 담당자들과 좋은 네트워크를 유지해라.
- 합리적이고 전문적인 논리를 제시해라.
- 논리를 제시할 때 상대방에게 협조적, 긍정적, 신뢰감이 가는 태도를 보여 줘라.
- 문제해결에 대한 유럽적 해결과 범유럽적 차원에서 동맹형성이 가능한 로비 전략을 개발하라.
- 성공했다고 자만하지 말라.

(이상은 영국 정치학자 Jeremy Richardson(ed.), *European Union : Power and Policy Making*, London : Routledge, 1996, pp. 212~213에서 인용함)

❸ 로비의 폐해

처음에 인용한 코포릿유럽이 지적하듯이 로비에는 분명히 폐해가 있다. 공익이 아닌 특정 단체의 사익을 많이 반영해 소비자나 다른 이해당사자들에게 손해를 끼칠 수 있기 때문이다. 현재 EU 집행위원회나 유럽의회, 각료이사회에 근무하는 직원들은 복무규정에 따라 로비스트로부터 선물 등을 받을 수 없다. 그러나 이런 규정에도 불구하고 간혹 로비의 폐해가 언론에 부각되기도 한다.

14

유럽연합과 아세안, 유럽연합과 메르코수르(MERCOSUR, 남미공동시장) 등 지역간 협력이 활발해지고 있다. 아시아에서는 ASEM(아시아-유럽 정상회담), 아·태경제협력체(APEC : Asia-Pacific Economic Cooperation) 등 다양한 기구가 있다. 기구 간 차별화는 무엇인가? 동아시아 공동체 형성은 가능한가?

> 키워드 : 아세안, 아세안플러스쓰리, 동아시아정상회담, 지역간주의, 메르코수르
>
> 국가와 국가 간의 협력을 벗어나 유럽연합과 아세안, 메르코수르 등 지역과 지역 간의 협력도 활발해지고 있다. EU처럼 가장 발달된 지역통합체가 아직 통합의 초기 단계인 메르코수르, 아세안과 접촉할 때 문제점은 무엇인가? 왜 지역 간 협력이 활발해졌고 앞으로 전망은 어떠한가?
> 우선 EU와 아세안, 아세안플러스쓰리(이하 APT), ASEM 등을 간략하게 연표로 정리한 후 차례로 질문에 답해본다.

❶ EU-ASEAN, EU-ASEM과 동아시아정상회의(East Asia Summit : EAS)

- 1967 : ASEAN 창설(원가맹국은 태국, 말레이시아, 필리핀, 인도네시아, 싱가포르 등 5개국. 80년대와 90년대 베트남, 브루나이, 라오스, 캄보디아, 미얀마 가입으로 현재 10개 회원국임)
- 1977 : EC-ASEAN 협력협정 체결(발효는 1980년에)
- 1989 : 호주 캔버라에서 APEC 12개국 첫 각료회담(한국, 미국, 일본, 호주, 뉴질랜드, 캐나다, 아세안 6개국-말레이시아, 인도네시아, 태국, 싱가포르, 필리핀, 브루나이)

- 1993 : 클린턴 대통령의 제안으로 매년 APEC 정상회담이 개최됨. 2008년은 제16차 정상회의(현재 21개 회원국 : 추가 회원국 - 중국, 홍콩, 대만, 멕시코, 파푸아뉴기니, 칠레, 러시아, 베트남, 페루)
- 1996년 : 아시아유럽정상회담(ASEM) 1차회의 태국 방콕에서 열림

  1998 : 2차 ASEM(영국 런던)

  2000 : 3차 ASEM(서울)

  2002 : 4차 ASEM(덴마크 코펜하겐)

  2004 : 5차 ASEM(베트남 하노이)

  2006 : 6차 ASEM(핀란드 헬싱키)
- 1997 : 최초의 아세안+3(ASEAN Plus Three : APT, 이어 해마다 열리는 아세안 정상회담에 중국, 우리나라, 일본의 정상이 초청되어 APT 정상회담을 가짐)

  2005. 12. 12~14 : 1차 동아시아정상회담 개최(말레이시아 쿠알라룸푸르)

  2007. 1. 15 : 2차 EAS(필리핀 세부)

  2007. 11. 19~20 : 아세안 정상회담(2015년까지 단일시장 체결을 목표로 하는 아세안헌장 채택)

  2007. 11. 20~11. 21 : 3차 EAS(싱가포르)

  2007. 5 : EU-ASEAN FTA 협상개시

아세안은 1967년 창설되었다. 태국과 말레이시아, 필리핀, 인도네시아, 싱가포르 등 5개국이 원가맹국이다. 당시 인도차이나 반도는 베트남과 라오스 등에서 공산화의 물결이 한창이었기 때문에 회원국들은 안보위협에 공동으로 대처하기 위해 아세안을 출범시켰다. 유럽공동체는 지역블록을 형성하고 있는 아세안과 1977년 협력협정을 체결했다.

EC가 지역블록과 체결한 최초의 협력협정이었다. 물론 당시 EC는 통합단계상 공동시장의 단계에 있었지만 아세안은 안보를 중심으로 하는 매우 느슨한 회원국 합의체에 불과해 통합 발전단계가 매우 상이했다.

아세안은 이어 1980년대와 1990년대 베트남과 브루나이, 라오스, 미얀마, 캄보디아 등이 차례로 가입해 현재 10개국이 회원국이다. 1990년대에 접어들면서 냉전이 붕괴되어 회원국들은 경제분야에서의 협력강화를 조직의 목표로 추가했다. 1996년 ASEM이 열린 것도 유럽과 아세안의 상호이해관계가 맞아 떨어졌기 때문이다. 아세안은 국제무대에서 지역블록이고 파워가 있음을 보여줄 필요가 있었다. EU는 미국이 주도하는 동남아시아 지역에서 EU의 경제력을 바탕으로 아세안과 긴밀한 협력관계를 구축해야 할 필요성을 느꼈다. EU 회원국과 집행위원회 위원장, ASEAN 회원국(1998년부터 플러스쓰리 회원국 정상도 참여)들이 모여 경제협력과 테러대책 등 상호관심사를 논의하고 있다.

1997년 아세안플러스쓰리회담이 열리게 된 것은 당시 김대중 대통령이 적극적인 역할을 했기 때문이다. 김대통령은 중국과 일본, 아세안을 방문해 3국과 아세안간의 연례모임을 제안했다. 이에 따라 1997년 12월 말레이시아의 콸라룸푸르에서 열린 아세안정상회담에서 아세안이 한국과 중국. 일본 등 동북아 주요 3개국 정상을 초청하면서 APT 모임이 열렸다. 이어 1998년 12월 베트남 하노이에서 개최된 아세안정상회담은 APT 정상회담을 정례화하기로 합의했다. 즉 아세안정상회담이 종결된 직후 아세안 10개 회원국들과 중국, 일본, 한국 등 3개국의 정상들이 함께 만나 상호 관심사를 논의하는 형태로 정례화했다.

아세안은 당시 아시아를 휩쓴 외환위기에 대한 공동대응책이 필요하다고 느껴 플러스쓰리와 정례모임을 갖기로 했다. 또 중국의 약진도 한 이유가 되었다. 지난 1990년대부터 중국이 연평균 거의 두 자리수에 육박하는 경제성장을 이룩하면서 중국은 아세안의 주요 교역상대국이 되었다. 또 남지나해 등 중국과 인근국가들과의 영토분쟁도 주요 이슈 중의 하나다. 따라서 중국과의 관계를 개선하는 것이 아세안 국가들에 게 경제적·정치적 이득이었다. 마찬가지로 중국도 평화적 도약을 외교 정책의 기조로 설정한 후 국제기구에 적극 참여했다. 또 아세안이라는 기구에 일본의 영향력이 비교적 적은 것도 중국이 APT에 적극 참여하 게 된 이유가 되었다. 일본은 아세안의 주요 교역상대국이지만 회원국 은 아니다. 이런 복잡한 기구 속에서 동아시아정상회담(EAS)이 발족 하게 된 것은 중국과 일본의 상호견제, 아세안 국가들의 이해관계의 상 충 때문이다.

  APT에서 중국의 주도적인 역할이 문제가 되었다. 일본과 인도네시 아, 싱가포르는 APT가 중국에 의해 주도된다는 점에 불만을 갖고 회 원국 확대를 제안했다. 호주와 뉴질랜드 등 주로 일본과 긴밀한 관계를 맺고 있는 나라, 그리고 서남아시아의 지역 대국 인도도 포함하자고 제 안했다. 일본은 2007년 태국을 비롯해 아세안 회원국과 개별적으로 FTA 협상을 추진해 일부는 이미 체결했다.

  반면에 인도네시아와 외교 주도권 경쟁을 벌여온 말레이시아는 이런 회원국 확대에 반대했다. 중국도 자신을 견제하려는 일본 주도의 회원 국 확대제안에 반대했다. 인도는 자국을 포함하는 동아시아의 새로운 기구가 아시아 통합에서 중요한 역할을 수행할 수 있기를 희망했다. 결 국 2005년 회원국 확대문제를 두고 많은 논란을 벌인 끝에 어정쩡한 타협을 이루었다. 호주와 뉴질랜드, 인도가 아세안의 대화상대국으로 동아시아정상회담에 참여하게 된 것이다.

아세안 회원국은 아세안이 동아시아 통합에 주도적인 역할을 해야 한다는 입장이다. 이런 주도권을 유지하기 위해 중국, 일본, 한국과 아세안플러스쓰리 모임을 정례화했다. 아세안플러스쓰리에서 아세안은 하나의 블록으로서 한 목소리를 내려고 노력하고 있다.

그러나 동아시아정상회담에서 아세안은 이 회담의 출범단계에서 보여주었듯이 분열하고 있다. 아세안은 하나의 블록이 아니라 개별 회원국의 입장으로서 EAS에 참가한다. 또 EAS의 역할확대에 우려하고 있다. EAS의 역할이 확대되면 아세안의 입지가 좁아지기 때문이다. 아세안은 지역 간 블록을 형성해 국제무대에서 '체중이상의 펀치를 날릴 수 있었다.' 지역블록이기 때문에 EU도 협력협정을 체결해 정례모임을 가진 것이다. 아세안 회원국들이 EAS의 역할에 대해 상이한 입장을 가지고 있으면서도 2007년 11월 싱가포르 정상회담에서 아세안 헌장을 채택했다. EU의 통합 경험을 따라 2015년까지 회원국 간의 단일시장 형성을 목표로 하고 있다. 최소한 아세안 회원국들은 지역통합을 더 가속화해 국제사회에서 당당한 플레이어가 되려는 계획이다.

이런 상황이기 때문에 EAS가 앞으로 동아시아 공동체 형성에 주도적인 역할을 수행하기는 쉽지 않을 것이다. 당분간 16개 회원국의 수반들이 모여 상호 관심사를 논의하는 대화의 창구정도로 기능할 것이다. 비록 EU와 아세안이 블록과 블록으로서 지역간 협력(지역간주의 : inter-regionalism, 두 지역 간의 제도화된 긴밀한 협력관계를 의미)을 강화하고 있지만 여러가지 난제가 있다. EU는 통합이 많이 진전되어 집행위원회가 다른 지역과의 무역협상을 전담한다. 반면에 아세안은 사무국이라는 조직이 있지만 회원국들의 심부름 역할을 하는 정도이다. 아세안

사무국은 EU 집행위원회와 달리 초국가기구가 아니다. 따라서 아세안 회원국들이 특정 사안에 대해 합의를 이루지 못하면 EU와 협상을 진행할 수가 없다. 또 아세안 회원국인 미얀마의 군부독재, 인권탄압에 대해 EU가 공동외교안보정책에 따라 공동정책을 실시하고 있다. 미얀마에 대해 무기수출을 금지하고 있으며 아세안에 대해서도 미얀마에 대한 공동대응을 요구했다. 그러나 아세안은 회원국 간의 내정불간섭 원칙에 따라 미얀마에 대해 별다른 대응을 하지 못했다.

또 다른 지역통합체 간의 협력인 EU와 MERCOSUR와의 관계도 아세안과 본질적으로 크게 다른 점이 없다.

- 1991 : 아르헨티나, 브라질, 파라과이, 우루과이 4개국 공동시장 형성을 위한 조약 서명(2006. 1월까지 공동시장 형성이 목표)
- 1995. 12 : EU-Mercosur 지역간기초협력협정체결(Inter-Regional Framework for Cooperation Agreement) 이어 연례 각료회담을 통해 정치대화와 무역협력 등의 상호관심사를 논의해옴.

EU는 지역주의의 본산으로서 다른 지역에서의 지역주의 결성을 지지해왔다. 특히 남미지역은 EU 회원국인 스페인과 포르투갈의 식민지였기 때문에 EU와도 역사적으로 관련이 있다. 그러나 메르코수르가 공동시장 형성의 단계이기 때문에 단일시장과 단일화폐를 출범시킨 EU와는 통합단계가 매우 상이하다. 메르코수르도 아세안과 마찬가지로 집행위원회 같은 초국가기구가 없다. 또 회원국 간의 입장이 상이할 경우 합의를 이루지 못하고 구속력있는 조약이나 규정 등의 제정도 쉽지 않다.

❷ 동아시아 공동체 형성은 가능한가?

흔히 자주 제기되는 질문이 왜 아시아에서는 유럽처럼 통합이 진전되지 않는가하는 점이다. 유럽과 아시아의 역사적·정치적 상황이 많이 다르기 때문에 유럽과 아시아를 직접 비교하기는 어렵다. 유럽학자들도 유럽통합을 모델이기보다 하나의 경험으로 규정하곤 한다. 모델은 많은 상황에서 적용될 수 있는 성격이지만 경험은 보편성보다는 특수성에 무게를 두기 때문이다.

우선 공동체(community)는 회원국 간 신뢰가 쌓여 전쟁이 불가능한 상황을 의미한다. 우리가 북한과 경제협력을 강화해 통일을 이루기 위한 초석으로 한민족경제공동체를 형성하자는 용어를 자주 사용하고 있다. 긴밀한 경제관계의 상설화와 제도화, 신뢰형성의 뜻이 다 들어있는 말이다. 같은 맥락에서 동아시아 공동체 형성도 생각해 볼 수 있다. 동북아시아 3개국(한국, 중국, 일본)과 아세안 10개국 간에 많은 접촉과 교류로 신뢰가 형성되어 공동체 의식을 느낀다면 공동체라고 할 수 있다. 그러나 일본의 과거사 부정, 중국의 부상, 중국과 일본의 주도권 경쟁 등 공동체를 형성하기 위해서는 넘어야할 산이 너무 많다.

또 하나의 중요한 점은 미국의 대동아시아정책이다. 미국은 유럽에서 다자주의(최소한 3개국 이상과의 관계를 조약 등을 통해 제도화함. 예컨대 나토 등) 외교정책을 취해왔다. 그러나 동아시아에서는 기본적으로 양자주의 외교정책이다. 일본과 방위동맹을 강화해 중국을 견제해오고 있다. 또 사안에 따라 중국을 견제하거나 포용하는 정책을 취해오며 중국과의 양자관계에도 중점을 두고 있다. 아세안과 APEC, ASEM, 동아시아 정상회담 등 동아시아에서 활동하는 여러 기구들을 구분하는 특색의 하나로 미국의 가입여부와 기구 안에서 미국의 역할이다. 미국은 현재 APEC에만 가입해있고 이곳에서 주도적인 역할을 수행하고 있다. 기본적으로 양자주의 외교정책은 3개 이상의 관계를 다루는 다자주의보다 관리하기가 쉽다. 미국이 아시아에서 취해온 양자주의 외교정책이 쉽사리 변하지는 않을 것이다. 마찬가지로 중국도 미국이나 일본 등 주요국과의 양자주의를 기본으로 하면서 동아시아정상회담에 참여하고 있다. 동아시아공동체 형성에 지도력을 행사할 수 있는 미국이나 중국, 일본은 별다른 관심을 보이지 않고 있다.

아세안도 이 기구 중심의 아시아 통합을 달성하려 하지만 동아시아정상회담결성과정에서 보듯이 회원국 간의 이익 상충이 크다. 제도화의 미비로 회원국에게 이행을 강제할 법적 구속력있는 규정도 거의 없다. 또 10개국의 경우 정치적·경제적 발전의 정도도 매우 상이하다. 미얀마는 군부독재체제를 유지하고 있고 베트남도 사회주의 체제다. 마찬가지로 경제력 격차도 크다. 아세안 회원국 간의 다양성이 너무 커 통합의 진전에 걸림돌이 되고 있다.

동아시아가 EU처럼 지역통합을 이룰 때 경제적 이득을 얻는 것은 물론이고 국제무대에서의 정치적 파워가 커지는 것은 자명하다. 아세안+3에 대만과 홍콩을 추가한 동아시아의 국내총생산(GDP)은 9.5조달러, 세계의 19.8%이다(2006년말 시장환율 기준). 미국(27.8%), EU(29.7%)에 비해서는 작은 규모이다. 그러나 교역규모는 세계의 25%, 외환보유고는 65%를 차지할 정도로 세계 3대 경제권의 하나이다. 이처럼 견제 논리적으로 자명한 사실 앞에서 정치적 현실은 요원하다.

15

'유럽' 혹은 EU는 회원국과 구분되는 자체의 정체성(its own identity)을 보유하고 있는가? '유럽'의 정체성은 무엇인가?

> 키워드 : 정체성, 중요한 타자, 미국, 시민권, 경계짓기, 경계 허물기

정체성은 내가 누구인가를 의미한다. 내가 타인과 나를 비교함으로써 자신의 본질을 깨닫는 것이다. 정체성 형성과정에서 본인과 대립적인 혹은 대비되는 성격을 지니고 있어 자신의 정체성 형성에 비교대상이 되는 타자를 보통 '중요한 타자'(significant others)라고 부른다. 미국의 비교문학자 에드워드 사이드(Edward Said)는 그의 저서 『오리엔탈리즘』에서 서구(영국과 프랑스 등의 유럽을 의미)인에게 동양은 "가장 깊고도 빈번하게 재생되는 타자 이미지 중의 하나"라고 규정한 바 있다. 서양의 제국주의자들이 지배와 통제의 수단으로서 동양을 묘사·전파하고 동양과 비교하면서 자신들의 우월한 정체성을 형성했다는 의미이다. 2차대전 이후 통합을 계속해 온 서유럽의 여러 나라들에게 소련과 동구권은 중요한 타자였다. 민주주의, 시장경제가 정착된 서유럽과 정반대로 소련과 동구권은 공산주의, 계획경제 체제를 이루어 많은 면에서 대조적이었기 때문이다. 그러나 냉전이 붕괴된 이후 서유럽 나아가 현재 EU 27개 회원국의 정체성 형성에 필수적인 역할을 하는 중요한 타자가 있는가? 있다면 누구인가? 유럽의 정체성은 있는가?

❶ 윌리엄 월러스(William Wallace)와 정체성

윌리엄 월러스는 영국의 유명한 정치학자이다. 현재 런던정경대학교(LSE : London School of Economics and Political Science)에서 학생들을 가르치고 있다. 또 제2야당인 자유민주당(Liberal Democratic Party)소속의 상원의원으로 외교정책분야 대변인도 맡고 있다.

윌리엄은 1990년 『The Transformation of Western Europe』이라는 책을 통해 유럽의 정체성을 파악하는데 기준이 되는 5가지를 제시했다. '유럽' 혹은 유럽연합이라고 할 때 우선 지리적, 정치적, 제도적, 경제적, 도덕적 시각에서 고려해 볼 수 있다. 그러나 이런 5가지 항목가운데 어느 한 항목만 특정해서 고려되는 경우는 적고 대개 2~3개가 결합되어 정체성을 이루는 틀이 되기도 한다.

냉전기간 중 유럽의 정체성은 지리적 측면에서 분명하지 못한 점이 있었다. 러시아를 제외하고 중동부 유럽도 지리적으로는 유럽에 속한다. 그러나 우리가 마음 속에 그리는 지도(mental map)에서 중동부 유럽은 제외되었다. 비록 강압적으로 공산압제에 빠진 중동부 유럽에 대해 동정심을 느꼈지만 그들을 마음 속에 유럽으로 여기지는 않았다. 마음 속에 경계를 설정해 중동부유럽을 배제했다. 2차대전 발발 이전까지 중동부 유럽도 기독교와 르네상스, 그리스 문화와 로마문화, 전통 등을 공유하고 있었다. 그래서 보통 '유럽'이라고 하면 중동부 유럽과 함께 지리적으로도 서유럽(영국과 북부유럽도 포함)을 포함했다. 북부유럽의 스웨덴과 핀란드가 비록 1995년에야 EU 회원국이 되었지만 지리적으로 이들 나라도 '유럽'에 속했다. 냉전 붕괴 후 인위적인 지리구분은 거의 사라졌다. 발칸반도의 일부 국가를 제외하고 중동부 유럽국가가 EU 회원국이 되었기 때문이다.

정치적인 관점에서 유럽은 민주주의와 인권의 존중 등을 공유하고 있다. 제도적인 측면에서는 다당제와 언론의 자유 등을 들 수 있다. 경제적으로는 시장경제, 도덕적으로는 자유와 평등 등의 보편적 가치를 공유하고 존중한다는 특징이 있다. 혹은 정치적·제도적 측면에서 유럽통합을 통해 초국가 기구를 만들고 단일시장을 이룩한 점도 지적할 수 있다.

월러스가 제시한 이런 5가지 항목은 냉전기간 중 '유럽'과 소련·동구권을 구분짓는 기준이다. 그렇다면 '유럽'이외에 유럽연합의 정체성은 무엇일까?

❷ 정체성으로서 EU 시민권과 초국가기구

1993년 발효된 유럽연합조약은 EU 회원국 시민들에게 유럽연합 시민권(citizenship of the European Union)을 부여하고 있다. 즉 EU 회원국 시민들은 자국의 시민인 동시에 유럽연합시민이 된다는 의미이다. 이 조약은 유럽시민권의 하나로 선거권과 피선거권(앞에서 설명한대로 EU 회원국 국민은 역내 어디에 거주하더라도 지방의회와 유럽의회 선거권, 피선거권)과 해외공관에서의 도움을 얻을 수 있는 권리를 열거하고 있다. EU 회원국 가운데 빅쓰리는 해외 대부분의 국가에 공관을 운영하고 있다. 반면에 소국은 그렇지 못한 경우가 많은데 소국 시민들은 해외여행 중 자국공관이 없으면 다른 EU 회원국 공관을 방문해 자국 공관과 같이 도움을 요청할 수 있고 도움을 받을 수 있다. 또 EU 회원국 시민들은 유럽의회에 청원을 제출할 수 있고 옴부즈맨에게 EU기구의 잘못을 조사해 달라고 요청할 수 있다. EU가 유럽시민권을 만들고 부여했다는 것은 그 동안 이룩된 통합과정의 산물이면서 정치통합을 촉진하기 위한 성격이 강하다. 민족국가의 형성과정에서도 정부는 한 민족이라는 정체성을 의식적으로 만들어나갔다. 교육과 언론매체 등이 정체성 형성에 중요한 역할을 수행해오고 있다.

유럽통합은 비록 정치적인 의도에서 시작되었지만 대부분 경제분야에 한정되어 있었다. 단일시장을 이룩하기 위해 회원국 시민들은 근로자로서 자유롭게 이동할 수 있었으며 다른 회원국에서 직업을 구하거나 서비스를 제공할 수 있었다. 유럽연합조약이 정치분야에서의 유럽시민권을 부여하기 이전에 주로 경제적 권리들이 있었을 뿐이었다. 그것도 유럽연합 회원국들이 의식적으로 이런 경제적 권리를 만들었다기보다 경제통합의 과정 혹은 산물로서 이런 권리들이 나왔다. 유럽연합 시민권은 이런 측면에서 볼 때 기존에 있던 권리를 명시하면서 청원권 등을 신설했다.

또 하나 EU의 정체성은 국제기구와 상이한 초국가기구를 만들어 통합을 이룩해 왔다는 점이다. 집행위원회와 유럽법원 등이 회원국의 주권을 넘겨받아 회원국을 법적으로 구속하는 조약이나 규정, 지침 등을 제정하고 이의 준수여부를 감독하고 판결한다. 특히 EU법(조약, 규정, 지침)은 회원국 시민들에게도 직접 효력이 있고 회원국 국내법보다 우선한다.

❸ 외교정책에서 EU의 정체성

영국은 역사상 잉글랜드와 웨일스, 스코틀랜드라는 상이한 세 개의 왕국을 아울러 영국을 형성했다. 이 과정에서 전쟁은 영국의 정체성 형성에 매우 중요한 역할을 수행했다. 예컨대 잉글랜드인과 웨일스, 스코틀랜드 사람들이 식민지 인도에서 군인으로 함께 근무하며 영국인임을 느꼈다. 외부의 적에서 상이한 지역의 시민들이 서로 단결했다.

그렇다면 공동외교안보정책이 EU의 정체성 형성에 도움을 주었다고 할 수 있을까? 2003년 3월 이라크 침공을 둘러싸고 벌어진 EU내 친미진영(미국 주도의 이라크 침공을 지지한 회원국)과 반미진영의 논란을 한 번 살펴보면서 이 문제에 대한 답을 찾아보자.

우선 EU의 공동외교안보정책은 아직도 회원국 간의 거부권 행사가 가능하다는 점에서 분명히 한계가 있다. 그러나 친미진영에 섰던 영국과 스페인, 이탈리아, 반미 진영에 섰던 프랑스와 독일은 그렇게 격렬한 논쟁을 벌이면서도 자주 모임을 가졌다. 특히 2003년 6월 브뤼셀에서 열린 유럽이사회에서 회원국들은 국제문제에 대한 공동해결 노력을 다시 한 번 강조하고 이라크 재건에 적극 동참할 것임을 선언했다. EU 회원국들은 비록 무력사용을 배제하지 않지만 전반적으로 국제분쟁의 평화적 해결을 강조하며 사전외교에 주력한다는 점에서 보통 '민간권력'(civilian power)라고 불린다. 반면에 미국은 일방주의 외교정책이 특징이다. 미국은 이라크 침략전쟁에서 드러났듯이 유엔 같은 국제기구의 간섭을 매우 불필요하게 여기며 분쟁해결을 위해 압도적인 군사력 사용을 꺼리지 않고 있다.

2003년 미국 주도로 이라크를 침략할 당시 영국은 미국의 맹방으로 약 7000명이 넘는 군을 이라크에 파견했다. 그러나 당시 집권 노동당은 이라크 파견을 위한 투표에서 약 2/3 의원이 반대표를 던졌다. 즉 야당인 보수당의 찬성이 없었더라면 영국은 이라크에 군을 파견할 수 없었다. 많은 영국 지식인들이나 학생, 시민들은 당시 토니 블레어 총리의 이라크 침공을 강력하게 규탄하며 반전 시위를 벌였고 신문 등은 침공을 비판하는 글을 게재하기도 했다. 이들은 프랑스나 독일처럼 미국의 일방주의를 견제할 수 있도록 EU의 공동외교안보정책을 강화해야 한다고 한 목소리를 냈다. 이런 측면에서 미국과의 갈등을 통해 EU는 미약하지만 외교정책에서의 정체성도 형성해왔다.

그렇다고 미국을 EU의 중요한 타자라고 규정할 수 있을까? 미국과 EU는 민주주의, 시장경제 등의 기본가치를 공유하고 있으며 역사적으로도 밀접한 관계를 맺어왔다. 많은 유사점이 있고 국제무대에서 긴밀하게 협력하기 때문에 미국을 EU의 중요한 타자로 규정하기는 어렵다. EU는 환경이나 무역 등에서 종종 미국과 다른 목소리를 내는 하나의 중요한 행위자이자 미국에 이어 서방권의 2번째 목소리(2nd voice)라고 규정하고 싶다. EU회원국의 단결여부에 따라 그 목소리가 더 효과적일 수도 있고 한 목소리를 내지 못하면 별로 효과가 없다.

16 유럽프로축구와 유럽법원(ECJ)은 무슨 관련이 있는가?

> 키워드 : 보스만 판결, 이적료, 근로자의 자유이동, 유럽법원

박지성, 이영표, 설기현

축구의 본고장인 영국 프리미어리그에서 활약하고 있는 '태극전사 3인'이다. 국내에서도 케이블과 위성방송이 이들이 출전하는 경기에 대해 수시로 중계방송을 하면서 축구팬들은 이 세 선수들의 활약상을 잘 알고 있을 것이다. 영국은 축구의 모국이라고 불리는데 축구 규칙을 만들고 축구를 보급한 나라가 바로 영국이다. 유럽축구연맹(UEFA) 소속의 프로축구 클럽들이 승부를 겨루는 챔피언스리그는 유럽인들에게 가장 인기있는 대회 중의 하나다. 물론 경기가 끝난 후 훌리건들의 난동으로 경찰관이나 관객들 부상도 자주 발생하곤 한다. 그런데 EU 기구인 유럽법원이 프로축구의 발달에 아주 중요한 기여를 했다. 얼핏 보기에는 전혀 관련이 없을 것 같은데…

벨기에 축구선수로 국내 축구클럽에서 활약하던 장-마르끄 보스만(Jean-Marc Bosman)은 프랑스에 있는 한 클럽으로 이적할 계획이었다. 그러나 각 유럽프로축구클럽들의 합의에 따르면 계약이 만료된 축구선수를 고용하려는 클럽은 계약이 만료된 클럽에게 거액의 이적료(transfer fee)를 지불하도록 되어 있었다. 프랑스 클럽은 이 이적료가

너무 높아 보스만을 데려올 수 없었다. '밥줄'이 끊어지게 된 보스만은 이런 규정이 근로자들의 자유이동(Freedom of movement for workers)을 가로막고 있다며 자국 법원에 벨기에 축구연맹을 피고로 소송을 제기했다. 벨기에 법원은 이 조항이 로마조약의 법조문이기 때문에 법률 해석을 ECJ에 의뢰했다(유럽법원 항목에 설명했던 선결적 부탁임). 유럽연합조약(로마조약을 개정함) 39조는 회원국 근로자들이 다른 회원국으로 자유롭게 이동할 수 있으며 회원국들은 국적을 이유로 이런 근로자들의 고용이나 보수, 다른 고용조건에 차별을 두는 것을 금지하고 있다. 다만 공공정책이나 공안, 공공의 건강이라는 예외사항을 두어 이때에는 자유이동 금지가 가능하다. 또 공직(public service)에는 이런 자유이동이 해당되지 않는다고 규정하고 있다.

피고인 벨기에 축구연맹은 일단 이런 이적료 합의가 국적에 근거한 차별이 아니며 회원국 내부뿐만 아니라 회원국 간의 프로 축구선수 이적에도 동일하게 적용되기 때문에 차별이 아니라는 논리를 내세웠다. 또 축구연맹은 공공단체도 아니기 때문에 이런 자유로운 이동의 적용을 받을 필요가 없다고 주장했다. 그러나 ECJ는 거액의 이적료 규정이 결과적으로 프로축구선수라는 근로자의 자유로운 이동을 가로막고 있다고 판시했다. 39조가 예외로 규정한 공공정책이나 공안, 공공건강에도 해당이 되지 않는다는 아주 명확한 판결을 내렸다. 이 사건은 당시 EU 회원국 주요 언론에 크게 보도되었다. 명문 축구클럽들 간에 관례처럼 되어 있던 거액의 이적료 문제가 도마 위에 올랐으며 프로축구선수들의 자유이동을 지지했던 유럽법원의 입장도 부각되었다. 아울러 통합의 진전으로 시민들 일상생활조차 유럽법원의 판결에 의해 크게 좌우될 수 있음을 보여준 하나의 판례였다. 참고로 정확한 사건명은

Union Royale Belge des Sociétés de Football Association ASBL vs. Jean-Marc Bosmann이며 (C-415/93)이다.

17　유럽적인 시각에서 EU를 보도하는 언론이 있는가?

　지금까지 살펴 본 바와 같이 경제와 정치, 사회·문화 등 각 분야에서 통합이 진전되었다. 그러나 통합의 진전에도 불구하고 영국이나 독일, 혹은 프랑스의 시각이 아닌 말 그대로 유럽적인 시각에서 유럽통합을 보도하는 언론매체는 파이낸셜타임스(Financial Times : FT)밖에 없다는 것이 중론이다.

❶ "FT, 유일한 유럽적인 매체"

　유럽적인 시각에서 유럽통합을 보도하는 매체가 있다면 아마 유럽통합에 중요한 역할을 수행할 수 있을 것이다. 복잡한 EU 문제를 독자들에게 알리고 잘못된 점을 비판하면서 여론을 주도해갈 수 있기 때문이다. 집행위원회 관리들과 EU를 연구하는 많은 사람들은 가장 유럽적인 신문으로 영국의 FT를 꼽는 데 주저하지 않는다. 필자도 최근 EU의 돌아가는 사정과 논란 등을 위해 수시로 FT를 정독한다. 석박사 과정의 학생들도 학위논문 작성에 필요한 최신의 EU소식을 얻기 위해 FT를 자주 인용한다.

　이 신문이 이처럼 전문가들로부터 유럽적이라고 평가를 받는 것은 심층보도와 분석이 뛰어나기 때문이다. FT는 다른 매체보다 EU 소식을 정확하게 보도할 뿐만 아니라 깊이 있는 분석이 뒤따른다. 그리고 영국뿐만 아니라 독일, 프랑스, 폴란드나 헝가리 등 각 국이 특정 정책이슈에 대해 상이한 시각을 지녔으면 이런 점도 잘 분석을 해준다. 유럽과 아시아, 미국, 아프리카, 중남이 등 세계 각 지의 소식도 잘 전달해주기 때문에 이 신문을 보면 세계에서 일어나는 중요한 일을 나름대로 이해할 수 있다. 필자가 연구 중에 만났던 미국인 교수들도 "미국의 워싱턴포스트나 뉴욕타임스보다 FT가 훨씬 글로벌한 신문"이라고 평가했다. 워싱턴포스트나 뉴욕타임스가 아무래도 미국 시각으로 국제문제를 분석하고 EU소식도 분석이 떨어지며 세계 각 국의 뉴스를 보도하는 데 한계가 있기 때문이다.

FT는 1888년 런던에서 창간되었다. 당시 영국은 지구상의 1/3을 거느린 대영제국의 절정에 있었다. 런던의 금융가 '더시티'는 영국과 식민지 간의 교역으로 번창하고 있었고 이런 금융가의 정보욕구를 충족시키기 위해 FT가 나왔다. 1998년 영국신문으로서는 처음으로 해외 발행부수가 영국 내 발행부수를 초과하는 매체가 되었다. 현재 하루에 48만부를 발행하고 있으며 전세계에 1백60만명의 독자를 보유하고 있다.

❷ 자국 시각 중심적인 유럽 각 국의 언론들

FT는 대개 고급독자를 상대로 품질높은 기사를 제공해왔고 이런 전략이 성공했다. 반면에 EU 회원국 대다수의 언론은 자국 중심의 시각에서 탈피하지 못하고 있다. 아무래도 각 국의 역사교육이 아직도 자국 중심으로 되어 있어 기자들이 유럽적인 시각을 갖춘다는 것도 쉬운 일이 아니다. 또 신문도 산업인 만큼 대부분의 독자가 자국민이라는 사실을 무시할 수 없고 팔리는 신문을 만드는데 EU소식은 그리 적합한 자료가 아니기 때문이다.

영국의 타블로이드 신문 '썬'(The Sun)이나 '데일리미러'(The Daily Mirror)는 긍정적인 EU소식을 게재하는 때가 매우 드물다. '블레어, EU에 더 많은 돈을 지불하다'(영국예산환급금 액수 축소시), '엘리자베스 여왕을 포기할 수 없다'(파운드화를 폐기하고 유로화 도입에 반대한다) 등 제목도 매우 자극적이며 지극히 영국 중심적이다. 당연히 유럽통합의 진전에 반대하고 있다.

독일의 보수 일간지 디벨트(Die Welt)나 자유주의적 논조를 견지하는 쥐트도이체차이퉁(Die Sueddeutsche Zeitung)은 그런대로 나은 편이다. 그러나 이들도 독일의 시각에서 유럽통합을 보도하고 있다. 프랑스 언론도 마찬가지다. 물론 EU와 미국이 첨예한 문제로 갈등을 겪고 있을 때 EU에 동정적인 기사가 많이 늘어난다. 예컨대 빈번한 무역분쟁을 보도할 때 자국 중심의 시각을 유지하던 각 국 언론도 EU편을 지지하는 때가 많다. 2003년 미국 주도의 이라크 침공 당시 영국 언론가운데도 자국의 총리 토니 블레어의 미국 지지를 비판하고 프랑스와 독일 등 반미 선봉에 선 국가를 지지한 보도도 많았다.

대다수 EU회원국들이 브뤼셀에 특파원을 파견하고 있다. 이들은 대개 EU 회원국 수반들이 모이는 유럽이사회나 주요 의사결정기구인 각료이사회, 집행위원회를 집중 취재한다. 통합과정에서 권한이 확대된 유럽의회는 기자들의 관심에서 조금 떨어져 있고 의회 건물이 스트라스부르와 브뤼셀 등에 산재되어 있는 점도 기자들을 불러들이지 못하는 요인이다. 이 때문에 유럽의회는 각 회원국 특파원들에게 브뤼셀에서 스트라스부르로 취재를 올 경우 당일 교통비와 식비 정도를 지난 몇 년간 제공했다. 그러나 이런 '촌지' 사실이 미국 언론의 보도로 드러나면서 비판을 받았다. 유럽의회는 EU 시민들의 혈세를 낭비한다는 비판을 모면하기 위해 이런 지원을 중단했다.

　유럽헌법조약 제정과정에서 드러났듯이 유럽시민들의 공공의 장이 형성되어 있지 않은 상황에서 언론은 이를 형성하는 데 필수적인 역할을 수행해야 한다. 그러나 제도나 환경 등 각종 제약이 언론의 이런 역할을 촉진하지 못하고 있다.

18

21세기 EU는 무슨 파워인가? '경제적 거인(economic giant), 정치적 난장이(political dwarf), 군사적 무지렁이(military worm)'이라는 말이 아직도 적확(的確)한가?

> 키워드 : 과정, 제도화, 규칙제정자, 유럽안보방위정책
>
> 왜 서유럽 국가들이 중심이 되어 국가주권을 초국가기구에 이양하는 방식으로 통합을 시작했으며 현재 막강한 경제력을 보유한 EU가 무엇을 하자는 것인가? 라는 질문으로 다르게 표현할 수 있다. 과연 EU는 미국처럼 또 하나의 슈퍼파워가 되어 자신이 규정한 국익을 앞세워 무력사용을 불사하고 국제질서를 좌우지 할 수 있을까? 아니면 경제력만 있고 정치적·군사적으로 무기력한 별로 힘없는 존재로 남을 것인가? 거인과 난장이, 무지렁이라는 자조섞인 발언에 대한 대답을 시작으로 해답을 제시한다.

❶ 무지렁이에서 유럽안보방위정책까지의 변화

우선 '경제적 거인, 정치적 난장이, 군사적 무지렁이'라는 말은 1991년 2월 발발한 걸프전 당시 EU기구의 한 관리가 내뱉은 말이다. 당시 유럽연합은 유럽연합조약 체결을 위한 정부간협상을 진행 중이었다. 냉전붕괴 이후 발생한 전쟁으로 EU는 국제무대에서 경제력에 걸맞는 정치적·군사적 역할수행을 요청받았다. EU 회원국 시민들도 미소중심의 양극체제가 변화하는 국제질서의 변환기에서 EU가 국제분쟁 해결에 좀 더 적극적인 역할을 수행할 수 있기를 기대했다. 그러나 이런 기대는 물거품으로 끝났다. 미국 주도의 이라크가 점령한 쿠웨이트를 수복하기 위한 다국적군에 EU 회원국들은 개별국가로 참여했으며 EU차

원의 공동입장이나 공동정책도 전무했다. 물론 공동입장이나 공동정책은 유럽연합조약 체결로 성문화되었기 때문에 당시 이런 메커니즘이 없었지만 유럽통합의 정도를 감안할 때 회원국들이 좀 더 확고한 의지만 있었다면 공동입장이나 정책이 그리 어려웠던 것은 아니었다. 걸프전에서 미국의 압도적인 군사력은 여실히 드러났고 영국이나 프랑스 등 EU 주요 회원국들은 이런 미국의 힘 앞에서 무기력함을 느꼈다.

이처럼 단일 경제블록으로 세계 최대 규모이지만 연방국가가 아니기 때문에 군사력 사용에서는 뿔뿔이 흩어져 구심점이 없는 무기력한 모습이 당시 EU였다. 물론 이후 공동외교안보정책과 이 틀 안에서 이루어지는 유럽안보방위정책(European Security and Defence Policy : ESDP)은 단계적으로 제도화되었고 일정한 성과도 거두었다. 공동외교안보정책 가운데 군사와 방위측면을 세분화해 다루는 것이 ESDP이다. 2003년 이후 기구를 갖추기 시작해 현재 정치안보위원회(Political and Security Committee : PSC), EU 군사위원회(Military Committee : EUMC), 군사스태프(Military Staff)라는 조직이 있다. PSC는 EU상주대표들이 만나 안보·방위정책을 논의하고 각료이사회에 정책을 권고한다. 군사위원회는 회원국 참모총장들의 모임으로 안보와 방위정책에 관련된 정책조언과 권고를 PSC에 제공한다. 마지막으로 군사스태프는 각 회원국에서 파견된 수십명의 고위 장교로 구성되어 있다. 세계 각 지에서 일어날 가능성 있는 혹은 일어나는 위기와 분쟁에 대한 조기경보, 전략계획과 상황분석을 주 업무로 하고 있다. 특히 군사스태프의 경우 각료이사회 사무총장/공동외교안보정책 고위대표(앞서 설명한 하비에르 솔라나) 지휘 밑에 있는 EU의 기구다. 위의 세 조직을 보면 북대서양조약기구(NATO)와 매우 흡사하다. 나토도 각 회원국 대사들, 그 밑을 보좌하는 군사조직을 두고 있다. 그리고 중요한 점은 미국이 이런 EU의 안보방위정책 이행을 용인했다는 점이다. 현재 EU와 나토 간에는 나토자산(정찰기와 수송기 등) 사용에 관한 협약이 체결되어 있다. 나토 회원국인 EU 회원국들이 장거리 파병에 필수적인 정찰기와 장거리 수송기가 없기 때문에 이 경우 나토자산은 미국의 자산을 의미한다. 미국은 종종 EU가 나토내 자신의 패권에 도전한다고 생각되면 EU의 독자적인 군사력화를 경계하기도 했다.

EU는 이런 조직을 갖추고 현재 인근의 서발칸반도(보스니아-헤르체고비나에서의 군사작전과 경찰임무, 코소보에서의 활동)와 팔레스타인(경찰임무), 아프리카(차드와 콩고 민주공화국), 아시아(아프가니스탄 내 치안유지활동과 인도네시아 북부 아체에서 인도네시아 정부와 반군간의 휴전을 모니터링하고 있음) 등 세계 각 지에서 ESDP에 따른 활동을 펼치고 있다. 1991년 걸프전 당시의 무기력감과 비교해보면 군사와 안보 분야에서도 꽤 많은 진전을 이루었다. 회원국들이 인력과 장비를 파견하고 일정기간 돌아가면서 지휘통제를 맡는 식으로 운영을 하고 있다. 아프가니스탄 내 치안유지활동(Europol Afghanistan)의 예를 들어보자. 아프간 정부의 치안유지활동 개혁에 도움을 주기 위해 2007년 6월 이 업무를 시작했으며 앞으로 최소한 3년동안 계속된다. 27개 회원국에서 약 160명의 경찰이 파견돼 아프간 경찰을 훈련시키고 치안유지 활동에 필요한 조언과 장비 등을 제공하고 있다(이상의 내용은 *Impetus*, Bulletin of the EU Military Staff, Issue #4에서 참조함). 이런 활동에서 보듯이 압도적인 무력으로 전쟁을 이기는 미국과 EU의 활동은 대비가 된다. 즉 EU회원국들은 보통 위기관리나 평화유지활동 등에 주안점을 두고 있으며 회원국 가운데 대개 피 흘리는 전쟁은 영국이나 프랑스를 제외하고 꺼리는 편이다.

미국 정책결정자들은 이런 점을 들며 EU를 무지렁이라고 비판하기도 하지만 EU의 입장에서 볼 때 전쟁승리보다 어려운 점은 전후 복구와 개혁, 안정된 정체체제를 이룩하는 점이다. 회원국들이 합심해 이런 점을 도와주고 자연스럽게 미국과 분업도 하고 있다.

물론 이런 점진적인 기구화에도 불구하고 단일국가의 외교나 국방정책과 비교할 때 미비한 점이 많다. CFSP를 설명할 때 언급했듯이 아직도 외교나 국방은 회원국들의 거부권 행사가 가능하기 때문에 회원국들이 합의하지 못하면 정책을 시행할 수가 없다. 이라크 침공 때 전개된 EU 회원국 간의 친미와 반미분열도 이 때문이다.

그러나 누가 1970년대에 EU가 이 정도의 안보방위정책을 이행할 수 있다고 생각했겠는가? 당시는 미국에 안보를 전적으로 의존하며 국제문제에 대해 한 목소리를 내려고 노력하는 초기였다. 이런 측면에서 CFSP나 ESDP를 하나의 과정으로 간주한다면 그동안 점진적이나마 많은 진전이 있어왔다. 초기에는 회원국들이 국제문제나 국방에 대해 논의하는 것조차 금기시되었기 때문이다. 따라서 앞으로 10년, 20년 내에 과연 EU의 CFSP 정책이 어느 정도 진전될 수 있을지를 가름해 보는 것도 매우 흥미있는 일이다.

❷ 규칙제정자로서 EU

EU가 군사나 외교정책에서 비록 한 목소리를 내지 못하는 경우가 많지만 공동통상정책의 경우 강력한 행위자이다. 미국과 빈번한 무역분쟁을 겪고 있다. 또 환경 등의 분야에서는 앞선 규범제정자로서 이 분야의 규제를 선도하고 있다. EU의 신화학물질관리제도(REACH :

registration, evaluation, and authorization of chemicals, '리치')는 EU의 앞선 환경규제를 보여주는 대표적인 사례이다.

2007년 8월 31일 광화문 정부 종합청사에서 열린 경제정책조정회의에서는 유럽연합이 도입한 리치가 국내 산업계에 미치는 영향이 안건이었다. 경제정책조정회의는 재정경제부장관이 의장이 되어 산업자원부 장관, 환경부 장관 등 경제장관들이 함께 모여 중요한 경제정책을 논의하고 조정하는 총괄기구다. 정부와 업계는 이제까지 추진한 성과와 앞으로의 대책을 주로 논의했다.

이제까지 국내업체들이 EU에 전자제품이나 화학물질을 수출할 때에는 별다른 어려움이 없었다. 그러나 리치의 시행에 따라 앞으로 연간 1t 이상 화학물질을 제조하거나 수입하는 업체는 이런 물질의 위해성 정보를 유럽화학물질청(EUCA)에 등록(registration)해야 한다. 유럽화학물질청은 등록된 화학물질에 대해 평가(evaluation)를 하고 소비자들에게 위험하지 않다고 확인되면 승인(authorisation)을 해준다. 이런 까다로운 절차를 마쳐야만 EU에 수출을 할 수 있다. 1t 이상의 단일 화학물질이나 혼합제, 완제품 내 화학물질 등 리치가 포함하는 범위가 매우 넓다. 자동차 브레이크 라이닝이나 향기나는 티슈는 이미 규제대상으로 지정됐기 때문에 위에 지적한 평가·승인 과정을 거쳐야하고 대체 물질을 개발해야 수출을 할 수 있다. 이뿐만이 아니다. 일단 위해성 물질로 평가되면 EU내 수출이 금지된다. 또 위해성 물질이 아니더라도 고위험성 물질은 신고하도록 되어 있다. EU가 환경규제를 선도하는 입장이기 때문에 언제 이런 고위험성 물질이 규제대상이 될지 알 수 없는 상황이다. 우리 업체가 많이 수출하는 휴대전화도 예외가 아니다. 현재 EU회원국과 행정부 역할을 하는 집행위원회가 등록대상 범위를 놓고 논란을 벌이고 있다. 휴대전화에 사용된 모든 화학물질 전체를 등록할 것인지 아니면 휴대전화부품제조에만 사용된 화학물질만을 대상으로 할 것인지에 대한 논란이다. 결과가 어떻게 나오든 국내업계에게는 이만저만한 골칫거리가 아니다. 제품을 만들 때 사용된 화학물질에 대한 상세한 정보를 파악해야 하고 이어 이런 화학물질이 EU가 정한 위해성 물질인지도 별도로 판단해야 한다. 이런 연후에 해당이 된다면 EU에 등록을 하고 허가를 받아야 한다. 관련 정보를 얻기 위해 많은 시간을 보내야 하고 최대 몇 백 페이지의 서류작업도 필요하다. 필자와 통화한 환경부 리치기획단의 한 관계자는 "화학물질을 제조하며 EU에 수출하는 중소기업에 리치관련 설명을 해줬더니 차라리 EU 수출을 포기하겠다"는 말을 했다고 한다. 그만큼 리치가 국내 업계에 미치는 영향은 헤비급 권투선수가 아마추어에게 던지는 강력한 펀치의 위력을 갖는다. 리치는 EU가 이제까지 내놓은 환경규제 중 가장 강력한 무역규제 장벽의 하나이다.

30년 넘게 하나의 과정으로서 발전되어온 공동외교안보정책, 그리고 규칙제정자로서의 EU는 군사력보다는 민간권력을 실현하는 EU의 한 단면을 보여준다.

19 EU가 직면한 문제는 무엇인가?

> 한국 혹은 동북아시아인들은 유럽을 부러워한다. 통합이 가장 진전됐으며 국제무대에서 영향력을 확대해가고 있다. 반면에 유럽인들 가운데 유럽통합지지론자들은 아직도 연방국가가 되지 않고 자주 삐그덕거리는 EU가 불만이다. 런던정경대학교 사이몬 힉스(Simon Hix) 교수는 유럽통합의 대가로 많은 논문과 책을 저술했다. 그는 2007년 10월10일 고려대학교에서 EU의 문제점을 진단하는 특강을 가졌다. 그의 강의를 소개하면서 분석한다.

❶ 대중의 낮은 통합지지, 정책결정상의 진퇴유곡, 민주적 결핍

힉스가 첫 번째로 지적한 문제점은 EU 시민들의 통합지지율이 너무 낮다는 것이다. 1960년대 말까지 당시 유럽경제공동체 회원국들은 평균 4%가 넘는 경제성장을 이룩했다. 1950년대부터 거의 20년간 서유럽 국가들은 이처럼 높은 경제성장을 이룩했고 이 때를 보통 '자본주의 황금시기'(golden age of capitalism)라고 부른다. 당시 경제성장과 유럽통합 지지도는 비례했다. 경제가 잘 되고 취업걱정이 없고 돈이 많으니 시민들은 유럽통합의 덕분이라고 생각하는 경우가 많았다. 그러나 이후 경제가 침체되면서 통합 지지도는 떨어졌다. 1990년대 후반부터 회원국들의 경기가 조금씩 회복되기 시작했으나 지지도는 그리 오르지 않고 있다. 2006년 4월 조사에 따르면 27개 회원국 시민들 가운데 유럽통합을 지지하는 이들은 53%에 불과하다. 국가별 편차도 커서

EEC에 가입해 큰 혜택을 입은 아일랜드 시민들은 78%가 EU가입으로 혜택을 입었다고 대답해 최고 높은 비율을 기록했다. 반면에 영국인들은 34%만이 가입으로 득을 봤다고 응답했다(최저). EU집행위원회는 지난 1974년 7월부터 해마다 2회(봄과 가을)에 걸쳐 회원국 시민들을 대상으로 한 설문조사를 발표한다. Eurobarometer라는 이 조사는 2007년 12월에 68호가 발간됐으며 유럽통합과정에서 시민들의 유럽통합 지지도를 살펴볼 수 있는 매우 정확한 자료이다. 특히 회원국 시민들에게 30년이 넘도록 동일한 질문을 제기함으로써 역사적 비교가 가능한 자료로 EU차원의 여론이 형성되었는가(혹은 독일철학자 위르겐 하버마스의 용어를 빌리면 EU의 공공의 장 – public sphere –이 형성되었는지를)를 알 수 있는 원자료이다. 관련 분야를 연구하는 학자들은 이 원자료를 자주 활용한다. 시민들의 유럽통합 지지도는 겨우 과반정도 이지만 엘리트는 2/3가 통합을 지지한다. 이처럼 시민들이 통합을 그리 지지하지 않는다는 점은 그동안 엘리트 중심으로 이끌어왔던 유럽통합을 이제 시민의 지지를 받을 수 있는 방향으로 이끌어야 함을 여실히 보여주고 있다. 2005년 5월과 6월 프랑스와 네덜란드 국민이 국민투표에서 유럽헌법조약을 거부한 것도 그간의 통합과정이 엘리트와 시민들의 인식차이가 컸음을 여실히 보여주고 있다.

그런데 상황은 어떤가? 정책이나 기구의 개혁 필요성은 인정하고 있으나 제대로 되는 것이 없다. 정책이나 기구의 개혁이 답보상태(policy gridlock)에 있다. 통합과정이 붕괴되지는 않지만 그렇다고 진전이 제대로 되는 것도 아니다.

회원국 농민들의 농산품 가격을 보장해주는 공동농업정책(CAP)으로 과잉 농산물이 넘쳐 호수처럼 철철 넘치는 와인(wine lake), 산처럼 쌓인 치즈(cheese mountain)라는 말이 널리 회자되고 있다. 그러나 CAP의 개혁은 수십년째 계속되고 있으나 그리 만족할만한 결과가 나오지 않고 있다. 예산도 마찬가지다. 2007년말을 기준으로 EU 예산의 43%가 27개 회원국 전체 가운데 4%미만을 차지하고 있는 농민들에게 지원된다. 유럽을 세계에서 가장 역동적인 지식기반 경제로 만들려면 농민에게 지원되는 예산을 과감하게 줄이고 연구개발 등에 예산을 집중 투자해야 한다. 그러나 말뿐이고 제대로 되지 않는다.

프랑스나 스페인, 덴마크 등은 2004년 5월 가입한 중동부 유럽에 비해 부유하다. 그러나 이들 3개국은 공동농업정책의 주요 수혜자이다. 특히 프랑스의 경우 공동농업정책을 통합이 만들어낸 자랑스런 산물이라는 구호를 내세우며 CAP의 근본정신을 훼손하는 개혁을 끈질기게 저지하고 있다. 스페인도 마찬가지다. 많은 정책결정이 과반수 혹은 가중다수결(QMV)로 결정되지만 약 30% 정도의 표만 모으면 자국에게 불리한 정책의 통과를 저지할 수 있다. 따라서 정책이나 기구의 개혁 필요성은 계속 제기되었지만 시민들이 피부로 느낄 수 있는 개혁의 결과는 그리 많지 않았다. 각료이사회나 회원국 시민들이 직선하는 유럽의회도 정책결정과정에서 사안에 따라 거부권 행사가 가능하다. 또 이들의 역학관계가 수시로 변하기 때문에 정책이나 기구의 개혁이 쉽지 않다.

마지막으로 유럽차원에서 민주주의가 부족하다는 점이다. 통합의 진전으로 유럽의회나 유럽집행위원회 등 유럽연합 기구가 회원국이 보유중인 권한을 빼앗아 갔다. 회원국 시민들이 이런 정책결정에 영향력을 행사할 수 있는 여지가 별로 없다. 시민들이 직선하는 유럽의회의 경우 2004년 선거 투표율이 겨우 45.47%에 불과하다. 대개 유럽의회

선거는 유럽적인 이슈라기보다 각 회원국의 정치 이슈를 공약으로 제시한다. 직선기관인 유럽의회 의원 선출에 시민들이 관심이 별로 없다. 이처럼 투표율이 저조한 것은 자기 나라라면 정책을 잘못해 실업률을 높인 총리를 총선에서 떨어뜨릴 수 있지만 EU에서는 이렇게 할 수 없다는 것.

그렇다면 이처럼 중병에 걸린 EU를 진단했는데 대책은 무엇인가?

❷ 보다 더 나은 민주주의를 향하여

힉스는 근본적인 진단책으로 유럽차원에서 민주주의를 회복해야 한다고 주장한다. 너무 평범하게 들리지만 그는 EU 차원에서 시민들의 참여를 더 보장하고 확대해야 한다고 강조했다.

예컨대 각료이사회의 경우 투명성 강화요구에도 불구하고 현재 각 법안이나 정책의 초안과 최종 결과만이 공개된다. 즉 논란이 되었던 쟁점과 관련해 각 회원국들이 도중에 무슨 입장을 취했는가를 도무지 알 수 없다. 한 나라의 법안 과정은 상당수 공개되어 있다. 그러나 EU는 그렇지 않다. 시민들은 이처럼 폐쇄적인 EU 차원의 입법과정을 제대로 감시할 수가 없다. 특정 국가가 어떤 안건을 끈질기게 저지했고 이런 사실이 언론에 알려지면 상당한 압력을 받을 것이다. 일반적으로 EU회원국에서 흔한 현상이지만 아직도 EU차원에서는 이런 일이 매우 드물다.

또 현재 회원국 수반들이 비밀리에 합의로 결정하는 유럽연합 집행위원회 위원장도 좀 더 민주적으로 선출하자고 제안했다. 유럽의회의 각 정치그룹(회원국별로 비슷한 이데올로기 성향을 지닌 정당이 정치그룹을 형성)

이 선호하는 집행위원장 후보를 내고 이 후보들이 텔레비전 카메라 앞에서 공개적으로 정책토론을 벌인다. 이럴 경우 더 많은 시민들이 EU 업무에 관심을 갖게 되고 엘리트와 시민들 간의 통합 지지도 격차가 많이 줄어들 것이라는 것이다.

힉스의 주장에 대해 EU 기구들은 엇갈린 반응을 보이고 있다. 그에 따르면 집행위원회는 강한 거부감을, 유럽의회는 호감을 갖고 있다. 집행위원회는 EU의 양심으로 국익이 아닌 유럽연합의 이익을 대표한다고 규정되어 있다. 그러나 집행위원 출신국이나 특정 산업의 이익을 대표할 때가 있다. 집행위원이나 집행위에 근무하는 공무원들 모두 전문관료(Eurocrats)로서 근무한다는 자부심을 갖고 있다. 그러나 집행위원장을 민주적으로 선출하면 위원장은 물론이고 집행위원, 근무직원들도 좀 더 여론의 조명을 받게 되면서 정치이슈에 휘말릴 가능성이 더욱 높아진다. 반면에 유럽의회는 집행위원장 선출에 더 큰 역할을 수행할 수 있고 통합과정에서 자신의 역할을 제고할 수 있기 때문에 힉스의 의견에 매우 동조적이다.

필자가 보기에 힉스 주장과 관련해 생각해볼 또 하나의 문제는 과연 EU기구나 정책결정과정을 좀 더 민주화한다고 해서 회원국 시민들이 EU 일에 더 관심을 갖고 적극적으로 참여할 수 있을까 하는 점이다. EU차원의 공공의 장은 아직 매우 미비하다는 것이 중론이다. 이런 상황에서 EU를 좀 더 민주적으로 만든다고 해서 시민들이 EU의 일에 관심을 가질 수 있을까? 높은 복지수준을 누리고 있어 많은 EU 국가 시민들은 정치문제에 그다지 많은 관심을 가지고 있지 않기 때문이다. 영국과 프랑스, 독일 등 주요 회원국 국민들은 상당수가 정치에 무관심하다.

(이 글은 필자가 런던에서 발간되는 교포신문 유로저널에 2007년 10월 15일자로 기고한 글을 수정보완했고 유로저널측의 허락을 얻어 게재했다).

후기

EU기구에서 근무할 수 있을까?

반기문 유엔사무총장이 국제무대에서 큰 활약을 하고 있다. 또 UN은 물론 세계무역기구(WTO) 등 다른 국제기구에 진출하는 우리나라 사람들도 늘어나고 있다. 그렇다면 EU기구에서 근무할 수 있을까?

결론은 매우 어렵지만 노력해 볼만한 가치가 있다.

우선 집행위원회, 각료이사회, 유럽의회, 유럽법원 등의 EU기구는 27개 회원국들이 지불하는 예산으로 운영되기 때문에 대개 국가별 예산납부 규모에 따라 회원국별 충원 쿼터가 정해져 있다(유럽법원은 이런 쿼터제가 직업선택의 자유를 침해하지 않는다는 판결을 내렸다). 공채를 통해 EU기구에 근무할 직원을 선발하는데 경쟁률이 매우 높다. 특히 2004년 가입한 중동부 유럽의 시민들은 EU기구 근무를 선호해 과거 집행위 공채가 수십대 일의 경쟁률을 기록하기도 했다. 일단 근무를 하게 되면 직업 안정성을 보장받게 되고 보수도 매우 높은 편이기 때문에 이처럼 신규 회원국 시민들이 EU기구 근무를 선호한다.

이런 상황에서 우리나라가 EU 회원국이 아니기 때문에 EU기구에 근무할 수 있는 가능성은 별로 없다. 그러나 EU 기구에서 한국이나 동북아 전문가를 찾는 경우가 드물지만 간혹 있다. 그리고 이런 기회를 제대로 포착하고 활용하려면 EU 기구에서 인턴경험을 쌓는 것이 반드시 필요하다.

집행위원회는 수시로 인턴을 모집하고 있는데 관심이 있는 사람에게 지원해 보기를 권한다. EU의 홈페이지 http://europa.eu.int/에 가면 각 기구별 자세한 공지사항 등을 찾을 수 있다. 또 브뤼셀에 소재한

민간연구소에서 인턴기회를 찾을 수도 있다. 집행위원회나 민간연구소에서 인턴으로 근무하면서 각료이사회, 유럽의회 등의 관계자들을 만날 기회가 많을 것이다. 이런 과정에서 자신을 알리고 네트워크를 쌓으면 쉽지는 않겠지만 분명히 기회가 있을 것으로 생각한다. 서양인들은 추천서를 매우 중요하게 여긴다. 인턴으로 활동하면서 자신의 능력을 십분 발휘하고 그 곳에서 근무하는 사람으로부터 좋은 추천서를 받을 수 있다면 괜찮을 것이다.